A cura di Simonetta Vernocchi

Con il patrocinio dell'Istituto Europeo di Scienze Forensi e Biomediche- eFBI

I Edizione Gennaio 2019

Copyright Istituto Europeo di Scienze Forensi e Biomediche - eFBI

www.fbi-bau.eu.

Via Pier Capponi, 83, 21013 Gallarate (VA)

Tel. +39 346.631.1059

Immagine di copertina di **Vanessa Fantinati**

Migranti? Persone!

Riflessioni sul significato dell'accoglienza

Simonetta Vernocchi

Con il patrocinio dell'Istituto Europeo di Scienze Forensi e Biomediche

Indice

Introduzione

Purtroppo, i fatti di cronaca ci propongono imbarcazioni cariche di persone sfuggite a naufragio, costrette al riparo del porto per le cattive condizioni del mare ma con divieto assoluto di scendere a terra.

Scendere a terra: già la terra.

Ricordiamoci che *Il mondo intero è affidato in custodia all'intera umanità e non abbiamo alternativa se non coltivare insieme questo immenso tesoro. Siamo tutti ospiti sulla Terra e il modo in cui viaggiamo e siamo ospiti, il modo in cui andiamo incontro ad altri migranti mostra quale sia il nostro atteggiamento nei confronti della nostra misteriosa origine e destinazione*[1].

Siamo in Italia, una nazione con una storia di emigrazione, di accoglienza, di dialetti diversi, di culture diverse mescolate insieme. Chi di noi può dire con assoluta certezza che nelle sue vene scorre solo sangue ligure, o lombardo, o veneto, o siciliano? Chi di noi non ha un parente, uno zio, un cugino, un nonno che non si sia spostato oltre oceano per cercare fortuna?

Come possiamo non comprendere chi oggi sta incontrando le stesse difficoltà che solo 150 anni hanno vissuto i nostri cari?

Ma la nostra Costituzione tutela la persona e in 3 articoli che riportiamo di seguito dà indicazioni molto precise.

«La Repubblica riconosce e garantisce i diritti inviolabili dell'uomo, sia come singolo sia nelle formazioni sociali ove si svolge la sua personalità, e richiede l'adempimento dei doveri inderogabili di solidarietà politica, economica e sociale».
Articolo 2 della Costituzione della Repubblica italiana

«Tutti i cittadini hanno pari dignità sociale e sono uguali davanti alla legge senza distinzione di sesso, di razza, di lingua, di religione, di opinioni politiche, di condizioni personali e sociali».
Articolo 3 della Costituzione della Repubblica italiana

«La condizione giuridica dello straniero è regolata dalla legge in conformità delle norme e dei trattati internazionali».

---

[1] Integrazione possibile? L'accoglienza dei migranti nuova risorsa. ISBN 978-1973424208 Gennaio 2018.

Articolo 10 della Costituzione della Repubblica italiana

Non possiamo quindi fare di testa nostra o decidere di volta in volta, la nostra Costituzione è molto chiara.

Di fatto di rilevanza è stata l'emanazione del decreto legislativo 40/1998 ed alle susseguenti modifiche apportate con il decreto legislativo 286/98 intitolato «Testo unico delle disposizioni concernenti la disciplina dell'immigrazione e norme sulla condizione dello straniero». e con la legge 189/02, la cosiddetta "Bossi-Fini". A partire dal 2007, anche al fine di recepire i numerosi indirizzi dell'Unione Europea, la disciplina di base[2] ha subito numerose modifiche.

---

[2] Testo unico sull'immigrazione (d. lgs. 286/98).

Luoghi comuni

Io non sono razzista ma...
Willie Peyote

Se ne stiano a casa loro!
Innanzitutto, all'estero vivono ben 5.000.000 di italiani, noi siamo un popolo di migranti. Non possiamo non sentirci in sintonia con gli altri migranti quando lo siamo stati anche noi.

Ci portano via il lavoro
I migranti da decenni lavorano per noi occupandosi di mansioni che né noi né i nostri figli desideriamo intraprendere. Pensiamo ai lavori stagionali nei campi come raccoglitori, braccianti o negli alberghi come inservienti nei periodi estivi quando c'è grande affluenza di turisti. Il lavoro precario non è gradito agli italiani. Noi non lo vogliamo per i nostri figli.
E poi ci sono i lavori umili che noi non vogliamo per noi e per i nostri figli: magazziniere, posteggiatore, operatore ecologico, agricoltore, nessuno di noi sogna per suo figlio o per sé stesso un futuro in una catena di montaggio!
I lavori pesanti e molto faticosi: in fonderia, facchino, manovale, pescatore.
I lavori rischiosi ossia con rischio elevato di caduta ed infortuni.
I lavori considerati sporchi: come idraulico o fognaioli.
I lavori disagevoli che comportano la permanenza nelle celle frigorifere, o esposti alle intemperie.
I turni di notte.
I lavori che prevedono assistenza come la badante, o la collaboratrice domestica.

L'Italia agli italiani
Siamo un Paese di vecchi, la denatalità in Italia, fenomeno che colpisce anche altri paesi della comunità europea, ha toccato quota 1,39 figli per donna nel 2018: il 25% delle donne entra in menopausa senza mai aver avuto un figlio. L'età materna al momento del parto, di solito primo ed unico, è di 31,8 anni. Come è noto, il ricambio generazionale è invece assicurato da un valore minimo pari a 2,1. La speranza di vedere pagate le pensioni ai nostri figli, di essere accuditi in caso di malattia, il normale ricambio generazionale è affidato alle famiglie di extracomunitari molto più prolifici delle famiglie italiane.

Ci obbligano ad accettare la loro religione
Siamo un Paese a maggioranza cattolica, dovremmo almeno in linea di principio accogliere, sostenere, difendere le persone meno fortunate che vivono in situazioni

di disagio. Queste persone non sono qui per vacanza o per capriccio, fuggono dalla guerra, fuggono dalla miseria, cercano per sé e per i propri cari un futuro migliore. Qualsiasi sia il loro credo religioso hanno diritto a professarlo in libertà.

Lampedusa è un villaggio turistico
Molti migranti sono minori non accompagnati: ragazzini, come i nostri figli, con desideri, aspettative, sogni, problemi tipici dell'adolescenza ma senza nessuno che possa contenerli, indirizzarli, aver cura di loro.
Cosa ne sarà di questi figli? Il loro futuro dipende anche da noi. Vedono la nostra opulenza, annusano la nostra ricchezza, rovistano nella nostra spazzatura, indossano i nostri rifiuti.

Se sparo ad altezza torace ad un clandestino che mi entra nella tenuta per rubare cosa rischio?
È una obiezione che ad un corso sulla sicurezza uno dei partecipanti ha rivolto all'avvocato, avvocato che ha pure risposto a tono, considerando la domanda opportuna!

Accogliamo le donne ed i bambini ma gli uomini...
Nelle culture altre i bambini e le donne valgono meno degli uomini: cosa sarà di una donna con bambini in una terra straniera? Magari analfabeta, senza soldi, senza famiglia, senza aiuti, ignorante e dipendente psicologicamente dal malocchio, dalla fattura, dagli incantesimi che nel suo paese d'origine ha ricevuto prima di partire. Donne magari stuprate durante il viaggio o nei mesi d'attesa prima del viaggio. Donne sole. Il giro di prostituzione per queste persone diventa una via obbligata.

Definizioni

Persona
L'individuo umano in quanto oggetto di considerazione o di determinazione nell'ambito delle funzioni e dei rapporti della vita sociale.

Immigrato o emigrato o immigrante o emigrante o migrante
persona che abbandona volontariamente il proprio territorio (Paese) d'origine per dirigersi verso un territorio straniero. Un emigrante emigra da, si sposta da, esce dalla sua terra. La stessa persona quando esce da un paese ed entra in un altro risulta per quest'ultimo un immigrato uno che entra in un paese che non è il suo. Il termine migrante è più generico, indica solo una persona che si muove, migra, si sposta, non specifica la direzione del movimento della persona.
Un migrante non è un perseguitato nel proprio Paese e può far ritorno quando vuole in condizioni di sicurezza nella sua casa.
Un immigrato è stato a sua volta un emigrante, e spesso viene considerato "espatriato" per l'amministrazione del paese.

Cittadino dell'Unione europea[3]
sono definiti tali quei soggetti che hanno la cittadinanza di uno Stato membro[4].

Straniero
persona che non possiede la nazionalità del paese in cui risiede.
Un immigrato nato all'estero non è automaticamente uno straniero e uno straniero non è automaticamente un immigrato.
Come previsto dall'articolo 17, paragrafo 1 del Trattato *Schengen,* viene considerato straniero *"chiunque non sia cittadino dell'Unione europea".* Il loro ingresso, soggiorno, condizione ed espulsione sono disciplinati dal decreto legislativo 286/98 e successive modificazioni e dal relativo Regolamento di attuazione[5].

---

[3] con il novellato decreto legislativo 6 febbraio 2007, n. 30

[4] Sono assimilati ad essi i cittadini dell' Islanda, del Liechtenstein e della Norvegia).

[5] D.P.R. 39499, n. 394 e successive modificazioni

Immigrati di seconda o terza generazione
persone che non sono affatto immigrate (in quanto nate nel nuovo paese) spesso nemmeno più straniere in quanto naturalizzate per nascita, decreto o acquisizione di nazionalità.
L'uso di tale terminologia ci dà informazioni aggiuntive su persone che sono giuridicamente compatrioti.

Richiedente/aspirante asilo
persona che abbandona il proprio territorio d'origine per condizioni belliche o scompiglio sociopolitico o catastrofi naturali o carestie che generano esodi di intere popolazioni e chiede il riconoscimento dello status di rifugiato o altre forme di protezione internazionale. Ha un diritto di soggiorno regolare nel paese.
Prima di ottenere il riconoscimento di profugo il soggetto è necessariamente un richiedente asilo; solo pochi di questi soggetti verranno riconosciuti come profughi.

Il profugo
è un termine generico che indica colui che lascia il proprio paese a causa di guerre, rivolte o catastrofi naturali, a questa persona viene riconosciuto lo status di rifugiato.

Emigrante irregolare/emigrante illegale
con la prima definizione ci si riferisce al richiedente asilo qualora non venga riconosciuto come profugo ed essendo respinto dovrebbe rientrare nel paese d'origine; i minori non accompagnati sono da considerarsi emigranti in transito ma non automaticamente emigranti irregolari.
Si tratta di categorie spesso non definite o mutevoli per area geografica. Un emigrante irregolare è illegale ma non per questo clandestino nel senso che potrebbe essere entrato in modo legale ma non abbandonare il paese nei termini previsti

Immigrato clandestino o immigrato irregolare
la persona che entra nel paese ospitante in modo illegale, per esempio senza passaporto e senza visto, ha avuto accesso in un paese evitando i controlli di frontiera, oppure è entrato in un paese con un visto turistico ma alla scadenza di quest'ultimo è rimasto irregolarmente.
Un immigrato clandestino può comunque regolarizzare la propria posizione.

Immigrato regolare
la persona che entra nel paese ospitante in modo legale, per esempio con permesso di soggiorno rilasciato dall'autorità competente.

Beneficiario di protezione umanitaria
non è un rifugiato poiché non è vittima di persecuzione individuale nel suo paese, ma necessita comunque di protezione o assistenza perché particolarmente vulnerabile sotto il profilo medico, psichico o sociale. Le norme europee definiscono questo tipo di protezione "sussidiaria."

Apolide

è una persona che, avendo perduto la cittadinanza di origine e non avendone assunta alcun'altra, non è cittadino di alcuno stato. Ovvero il soggetto che nessuno Stato, agli effetti della sua legislazione[6], considera come proprio cittadino. Il decreto legislativo 286/98, all'articolo 1, comma 1, stabilisce che a tale categoria di persone si applica la disciplina in materia di stranieri.

L'Apolide, è il soggetto che nessuno Stato, agli effetti della sua legislazione[7], considera come proprio cittadino. Il decreto legislativo 286/98, all'articolo 1, comma 1, stabilisce che a tale categoria di persone si applica la disciplina in materia di stranieri e tale *status* può essere riconosciuto per via:

> ➢ giudiziaria, tramite sentenza della Corte di Appello;
> ➢ amministrativa[8].

Se la richiesta viene avanzata da uno straniero, che è in possesso di permesso di soggiorno per altri motivi, viene rilasciato uno specifico permesso di soggiorno per richiesta di apolidia, che ha validità annuale ed è rinnovabile per tutta la durata del procedimento amministrativo. Qualora dovesse essere riconoscimento lo *status* di apolidia, la Questura rilascia un permesso di soggiorno e, se richiesto anche un particolare titolo di viaggio per apolidi[9].

Rifugiato

Rientrano in tale categoria:

> ➢ lo straniero che per motivi politici o per appartenenza a un gruppo sociale, ha timore di essere perseguitato dal proprio Paese o che non può avvalersi della protezione dello stesso;
> ➢ l'apolide che, per le ragioni appena esposte, si trovi fuori dal territorio nel quale aveva la dimora abituale e non può o non vuole farvi ritorno.

---

[6] legge 1 febbraio 1962, n. 306. Ratifica ed esecuzione della Convenzione relativa allo status degli apolidi, adottata a New York il 28 settembre 1954.

[7] legge 1 febbraio 1962, n. 306. Ratifica ed esecuzione della Convenzione relativa allo status degli apolidi, adottata a New York il 28 settembre 1954.

[8] Ministero dell'Interno, Dipartimento per le Libertà Civili e l'Immigrazione, Direzione Centrale per i Diritti Civili, la Cittadinanza e le Minoranze

[9] tale titolo di viaggio è un documento di identità che consente al titolare di uscire dal territorio nazionale e di circolare in tutti i Paesi i cui Governi sono riconosciuti dal Governo italiano, salvo le particolari limitazioni e le condizioni previste

Persona ammissibile alla protezione sussidiaria
riveste invece una categoria particolare. Si tratta di soggetti[10] che pur non possedendo i requisiti per essere riconosciute rifugiate, poiché esistono fondati motivi per ritenere che il loro ritorno nel Paese di origine li espone ad un rischio effettivo di subire un grave danno.

Persone vulnerabili[11]
La definizione è stata introdotta dall'articolo 3, paragrafo 9) della Direttiva 2008/115/Ce del Parlamento europeo e del Consiglio del 16 dicembre 2008. Rientrano in tale categoria: i minori, i minori non accompagnati, i disabili, gli anziani, le donne in gravidanza, le famiglie monoparentali con figli minori e le persone che hanno subito torture, stupri o altre forme gravi di violenza psicologica, fisica o sessuale.

Minore non accompagnato
lo straniero di età inferiore agli anni diciotto che si trova, per una qualsiasi causa, in Italia, privo di assistenza e di rappresentanza legale.
La legge 47/17, ha definito il concetto di *"minore straniero non accompagnato presente nel territorio dello Stato"*, precisando che con tale espressione è indicato colui che *"minorenne e non avente cittadinanza italiana o dell'Unione europea, si trova per qualsiasi causa nel territorio dello Stato o che è altrimenti sottoposto alla giurisdizione italiana, privo di assistenza e di rappresentanza da parte dei genitori o di altri adulti per lui legalmente responsabili in base alle leggi vigenti nell'ordinamento italiano"*.

---

[10] stranieri o apolidi

[11] articolo 19, del novellato decreto legislativo 286/98; articolo 28, del novellato D.P.R. 394/99

Ingresso in Italia dello straniero o dell'apolide

Adolfo Bonforte

Norma di riferimento: articolo 4 decreto legislativo 286/98.

Allo straniero o all'apolide munito di valido passaporto o di documento equipollente è consentito l'ingresso nel territorio dello Stato e, se proveniente dalle frontiere esterne dello Spazio *Schengen*, l'ingresso deve avvenire attraverso i valichi di frontiera appositamente istituiti.

Egli, inoltre, deve: essere titolare dello specifico visto d'ingresso; esibire ogni documento utile affinché possa giustificare lo scopo e le condizioni del viaggio; dimostrare la disponibilità di mezzi di sussistenza sufficienti per la durata del soggiorno e per il ritorno nel paese di provenienza[12]. Tale condizione non è necessaria per i soggiorni per motivi di lavoro o familiari.

Non può fare ingresso sul territorio delle Stato lo straniero o l'apolide che:

- sia segnalato nella banca dati di polizia, ai fini della non ammissione nello Spazio *Schengen*;
- sia considerato una minaccia per l'ordine pubblico o la sicurezza dello Stato o di uno dei Paesi con i quali l'Italia ha sottoscritto accordi per la soppressione dei controlli alle frontiere interne e la libera circolazione delle persone;
- risulti condannato, anche a seguito di patteggiamento, per i reati previsti dall'articolo 380, commi 1 e 2, del codice di procedura penale, ovvero per reati inerenti gli stupefacenti, la libertà sessuale, il favoreggiamento dell'immigrazione clandestina verso l'Italia e dell'emigrazione clandestina dall'Italia verso altri Stati o per reati diretti al reclutamento di persone da destinare alla prostituzione o allo sfruttamento della prostituzione o di minori da impiegare in attività illecite ovvero per uno dei reati previsti dalle disposizioni del titolo III, capo III, sezione II, della legge 22 aprile 1941, n. 633, relativi alla tutela del diritto di autore e degli articoli 473 e 474 del codice penale;
- risulti aver già soggiornato, nelle ipotesi di ingresso di breve durata, sul territorio Schengen, nel medesimo semestre, per un periodo massimo complessivo di 90 giorni.

---

[12] comprovabile anche con l'esibizione del biglietto di ritorno

L'ingresso sul territorio dello Stato, eludendo i controlli di frontiera, costituisce un illecito ed il suo autore sarà destinatario del decreto di espulsione.

Disponibilità di mezzi finanziari
La disponibilità dei mezzi di sussistenza, sia per l'ingresso che per il soggiorno sul territorio nazionale, può essere dimostrata mediante l'esibizione di:
- denaro in contanti;
- fideiussione bancaria;
- polizza fideiussoria assicurativa o equivalenti titoli di credito,
- titoli di servizi prepagati o di atti comprovanti la disponibilità di fonti di reddito in Italia.

Incombe sul richiedente anche dover indicare l'esistenza di un alloggio idoneo nel territorio nazionale[13].

Per l'ingresso in Italia per motivi turistici, per affari, cure mediche, gara sportiva, invito, motivi religiosi, studio, trasporto e transito, la Direttiva del Ministro dell'Interno 1° marzo 2000 ha determinato quali debbano essere i mezzi di sussistenza:

Classi di durata del viaggio	Un partecipante	Due o più partecipanti
Da 1 a 5 giorni: quota fissa complessiva	€ 269,60	€ 212,81
Da 6 a 10 giorni: quota a persona giornaliera	€ 44,93	€ 44,93
Da 11 a 20 giorni: quota fissa	€ 51,64	€ 25,82
Quota giornaliera a persona	€ 36,67	€ 22,21
Oltre i 20 giorni: quota fissa	€ 206,58	€ 118,79
Quota giornaliera a persona	€ 27,89	€ 17,04

---

[13] ad eccezione del soggiorno per lavoro o per motivi familiari

Diversa è la situazione nel caso in cui lo straniero voglia procedere a:

- **ricongiungimento dei propri familiari.** In tale ipotesi infatti, lo straniero deve dimostrare, presso il competente Sportello Unico per l'immigrazione, sia la disponibilità di un reddito annuo, che deve essere proporzionato al numero dei familiari da ricongiungere, che di essere in grado di garantire il sostentamento in Italia dell'intero nucleo familiare. Il reddito in tale ipotesi, così come previsto articolo 29, comma 3, lettera b), del decreto legislativo 286/98, deve essere non inferiore all'importo annuo dell'assegno sociale, aumentato della metà per ogni familiare da ricongiungere;
- **ingresso per motivi di lavoro subordinato.** Per ottenere il relativo visto lo straniero deve dimostrare la disponibilità dei mezzi di sussistenza mediante l'esibizione della documentazione relativa all'attività lavorativa da svolgere;
- **ingresso per motivi di lavoro autonomo.** Al momento del rilascio dello specifico visto di ingresso, lo straniero deve dimostrare la disponibilità dei mezzi di sussistenza mediante l'esibizione di un reddito che deve essere di importo superiore al livello minimo previsto per l'esenzione dalla partecipazione alla spesa sanitaria mentre, nel caso di attività iscrivibili nel registro delle imprese, l'attestazione resa dai competenti organi deve essere superiore al triplo dell'importo annuale dell'assegno sociale.
- **ingresso per motivi di ricerca.** L'istituto di ricerca deve attestare la disponibilità dei mezzi di sussistenza, le risorse mensili messe a sua disposizione[14] e nel caso sia prevista attività lavorativa, devono essere attestate anche le condizioni di lavoro.

Il visto

La rappresentanza diplomatica o consolare dello Stato di destinazione, presente nel Paese di origine o di provenienza dello straniero, rilascia il visto che può essere definito come "l'autorizzazione all'attraversamento delle frontiere". La rappresentanza diplomatica o consolare può rilasciare i seguenti tipi di visto:

- **uniforme** (VSU). Consente al titolare di circolare nell'intero territorio degli Stati membri;
- **con validità territoriale limitata** (VTL). Consente al titolare di circolare soltanto sul territorio di uno o più Stati membri;
- **di transito aeroportuale** (VTA). Consente al titolare di transitare nella zona internazionale di transito di uno o più aeroporti degli Stati membri;
- **nazionale** (VN). Consente sia l'ingresso per il soggiorno di lungo periodo nello Stato che ha emesso il visto che l'ingresso e la circolazione nello spazio

---

[14] che devono essere pari ad almeno il doppio dell'assegno sociale, nonché le spese per il viaggio di ritorno

Schengen, per un periodo massimo di 90 giorni ogni 180.
Il visto inoltre, può essere:

- di tipo A, nel caso di transito aeroportuale;
- di tipo C, nel caso di soggiorni di breve durata, aventi una validità massima di 90 giorni;
- di tipo D, nel caso di soggiorni di lunga durata. Validità di oltre i 90 giorni.

Così come previsto dal Decreto interministeriale n. 850, dell'11 maggio 2011, le Rappresentanze diplomatico-consolari italiane, presenti in ciascuno Stato estero possono rilasciare il visto per i seguenti motivi:

adozione;
affari;
cure mediche;
invito;
lavoro autonomo;
lavoro autonomo;
costituzione di *start up* innovative;
lavoro subordinato;
lavoro subordinato di tipo stagionale;
missione;
motivi familiari;
motivi religiosi;
reingresso;
residenza elettiva;
ricerca;
studio;
transito;
turismo;
vacanze-lavoro;
volontariato.

La rappresentanza diplomatica o consolare rilascia il visto in una lingua comprensibile al richiedente[15], con allegata una comunicazione sui diritti e i doveri relativi all'ingresso ed al soggiorno in Italia.

Occorre precisare che il possesso del visto non conferisce in automatico allo straniero il diritto all'ingresso, in quanto le Autorità nazionali di frontiera al momento dell'ingresso, lo sottopongono alle prescritte verifiche delle condizioni previste per l'attraversamento delle frontiere. e

Nel caso in si verifichino i presupposti necessari, lo stesso viene respinto e nei suoi confronti l'Autorità di frontiera o il Questore competente, adotteranno il provvedimento di respingimento[16].

---

[15] o in lingua inglese, francese, spagnolo, arabo

[16] articolo 10 decreto legislativo 286/98

Se viceversa lo straniero soddisfa le condizioni di ingresso, la polizia di frontiera, lo autorizza ad entrare sul territorio nazionale[17] ed appone sul passaporto o sul documento di viaggio equipollente, il timbro uniforme *Schengen*.

Sportello unico immigrazione: nullaosta preliminare
Il nostro legislatore ha previsto che per l'ingresso sul territorio nazionale per motivi di famiglia, per lavoro subordinato di breve e lungo soggiorno, per ricerca cientifica e per volontariato, lo Sportello unico per l'immigrazione (SUI), della provincia in cui il datore di lavoro ha la sede di lavoro o nel caso del familiare, dove esso è residente, verifica le condizioni e i requisiti previsti dalla norma di settore e cura il rilascio del relativo nulla osta, che trasmetterà alla rappresentanza diplomatica o consolare italiana, presente nello Stato di residenza dello straniero del quale è richiesto l'ingresso.
La Questura potrà intervenire nel procedimento, rilasciando il proprio nulla osta di polizia mediante la verifica, a seconda dei requisiti soggettivi del lavoratore, del familiare interessato all'ingresso, del datore di lavoro o, del congiunto in Italia.

Il permesso di soggiorno
Lo straniero o l'apolide deve fare richiesta di permesso di soggiorno, al Questore della provincia in cui si trova, entro otto giorni lavorativi dal suo ingresso nel territorio dello Stato.
Per il rinnovo deve fare richiesta, al Questore della provincia in cui dimora, almeno sessanta giorni prima della scadenza.
Il Questore è competente per il rilascio, il rinnovo, l'aggiornamento e il duplicato dei permessi di soggiorno per:
- affidamento;
- apolidia;
- attesa riacquisto cittadinanza;
- famiglia;
- lavoro autonomo;
- lavoro autonomo – *start up*;
- lavoro subordinato;
- missione;
- motivi religiosi;
- residenza elettiva;
- ricerca scientifica;
- asilo[18];

---

[17] articolo 7, comma 2, DPR 394/99.

[18] esclusivamente nel caso in cui lo *status* sia stato già riconosciuto

- studio[19];
- tirocinio-formazione professionale.

L' articolo 5, del decreto legislativo 286/98 indica le condizioni e i limiti ai quali gli stranieri e gli apolidi devono sottostare per permanere sul territorio nazionale che di seguito esplicheremo.

Il richiedente, sia per il rilascio che per il rinnovo del permesso di soggiorno, deve inoltrare la richiesta, mediante la compilazione dell'apposita modulistica, inserita nel *kit* a disposizione, al Questore della provincia in cui dimora, tramite gli Uffici postali.

I costi per la procedura sono:

- € 16,00 per la marca da bollo da apporre sull'istanza;
- € 30,00 per le spese postali;
- € 30,46 quale costo del permesso di soggiorno in formato elettronico;
- da € 40,00 a € 100,00, la cifra varia in base alla durata del titolo, quale contributo per il rilascio del permesso di soggiorno, a carico dello straniero di età superiore ad anni diciotto.

Sia per il rilascio che il rinnovo del permesso di soggiorno elettronico i termini ordinari, decorrenti dalla data di presentazione della domanda, sono:

- 60 giorni, per il permesso di soggiorno;
- 90 giorni per il permesso di soggiorno UE per soggiornante di lungo periodo.

Lo straniero che richiede il permesso di soggiorno è sottoposto a rilievi fotodattiloscopici.

Nel caso di soggiorni di durata non superiore a tre mesi per visite, affari, turismo e studio, lo straniero deve rendere la dichiarazione di presenza.

L'articolo 5 comma 5 del decreto legislativo 286/86 statuisce che: "*Il permesso di soggiorno o il suo rinnovo sono rifiutati e, se il permesso di soggiorno è stato rilasciato, esso è revocato, quando mancano o vengono a mancare i requisiti richiesti per l'ingresso e il soggiorno nel territorio dello Stato, fatto salvo quanto previsto dall'articolo 22, comma 9, e sempre che non siano sopraggiunti nuovi elementi che ne consentano il rilascio e che non si tratti di irregolarità amministrative sanabili. Nell'adottare il provvedimento di rifiuto del rilascio, di revoca o di diniego di rinnovo del permesso di soggiorno dello straniero che ha esercitato il diritto al ricongiungimento familiare ovvero del familiare ricongiunto, ai sensi dell'articolo 29, si tiene anche conto della natura e della effettività dei vincoli familiari dell'interessato e dell'esistenza di legami familiari e sociali con il suo Paese d'origine, nonché, per lo straniero già presente sul territorio nazionale, anche della durata del suo soggiorno nel medesimo territorio nazionale*".

Nel caso di rifiuto o di revoca del permesso di soggiorno da parte del Questore della provincia in cui dimora lo straniero, questi può proporre ricorso gerarchico al

---

[19] esclusivamente se è superiore a 3 mesi

Prefetto della medesima provincia o, in alternativa, al TAR competente, entro 60 giorni dalla notifica.
Nei casi consentiti dalla legge[20] è inoltre, ammesso ricorso straordinario al Capo dello Stato, entro il termine di 120 giorni.

Permesso di soggiorno UE per soggiornanti di lungo periodo
Norma di riferimento: articolo 9 decreto legislativo 286/98 e articoli 16 e 17 DPR 394/99.

Il cittadino straniero in possesso da almeno 5 anni di un permesso di soggiorno in corso di validità può fare richiesta del permesso di soggiorno UE per soggiornarti di lungo periodo.

Esso, ha sostituito la carta di soggiorno per cittadini stranieri e può essere rilasciato a condizione che, il richiedente dimostri sia la disponibilità di un reddito minimo non inferiore all'importo annuo dell'assegno sociale, che la disponibilità di un alloggio adeguato.

Inoltre, lo straniero non deve risultare essere pericoloso per l'ordine pubblico o la sicurezza dello Stato e deve superare un *test* di conoscenza della lingua italiana[21].

Il permesso di soggiorno UE per soggiornanti di lungo periodo consente al titolare di:

- circolare liberamente nel territorio dello Spazio *Schengen*;
- svolgere attività lavorativa subordinata o autonoma;
- soggiornare, anche per motivi di lavoro, in un altro Stato Schengen, anche per un periodo superiore ai 90 giorni[22];
- utilizzarlo quale documento di identificazione personale per non oltre 5 anni dalla data di rilascio o di rinnovo.
  Nel caso di richiesta di rinnovo, la stessa deve essere effettuata dall'interessato, corredata di nuove fotografie[23].

---

[20]solo laddove l'atto impugnato sia divenuto definitivo a seguito di presentazione del ricorso gerarchico

[21] articolo 9, comma 2 bis decreto legislativo 286/98

[22] articolo 17, DPR 394/99

[23] ibidem

Il Questore qualora dovesse valutare, al termine del procedimento amministrativo teso al suo rilascio, di adottare un provvedimento di diniego, cosi come statuito dalla Corte Costituzionale, con sentenza numero 202 del 3 luglio 2013, deve tener conto anche della *"durata del soggiorno nel territorio nazionale e dell'inserimento sociale, familiare e lavorativo dello straniero"*.

Nei confronti del titolare di un permesso di soggiorno UE per soggiornarti di lungo periodo, il Questore può procedere alla revoca nelle seguenti ipotesi nel caso di:

- acquisizione fraudolenta;
- adozione di un provvedimento di espulsione[24];
- mancanza di condizioni per il rilascio;
- assenza dal territorio dell'Unione per dodici mesi consecutivi[25];
- conferimento di permesso di soggiorno di lungo periodo da parte di altro Stato membro dell'Unione europea, previa comunicazione da parte di quest'ultimo, e comunque in caso di assenza dal territorio dello Stato per un periodo superiore a sei anni[26].

Nel caso in cui allo straniero il permesso di cui in parola, venga revocato e non sia prevista l'espulsione[27], gli verrà rilasciato un permesso di soggiorno previsto dalla vigente normativa.

La carta blu UE

La carta blu UE è stata introdotta in Italia con il decreto legislativo 108/12, che ha recepito la direttiva 2009/50/CE.

È un particolare permesso di soggiorno riservato ai lavoratori stranieri che hanno completato in patria un percorso almeno triennale di istruzione superiore.

---

[24] articolo 9, comma 9 decreto legislativo 286/98.

[25] può riacquistarlo, con le stesse modalità previste per l'iniziale rilascio; tuttavia, in questa ipotesi, il periodo di regolare, pregressa, permanenza è ridotto a tre anni

[26] Ibidem

[27] l'articolo 9, commi 10 e 11, del legislativo 286/98, prevede che l'espulsione possa essere disposta nelle seguenti ipotesi: per gravi motivi di ordine pubblico o sicurezza dello Stato; nei casi di cui all'articolo 3, comma 1, del decreto-legge 27 luglio 2005, n. 144, convertito, con modificazioni, dalla legge 31 luglio 2005, n. 155; quando lo straniero appartiene ad una delle categorie indicate all'articolo 1 della legge 27 dicembre 1956, n. 1423; nei casi indicati ovvero all'articolo 1 della legge 31 maggio 1965, n. 575, sempre che sia stata applicata, anche in via cautelare, una delle misure di cui all'articolo 14 della legge 19 marzo 1990, n. 55. Ai fini dell'adozione del provvedimento di espulsione, si tiene conto anche dell'età dell'interessato, della durata del soggiorno sul territorio nazionale, delle conseguenze dell'espulsione per l'interessato e i suoi familiari, dell'esistenza di legami familiari e sociali nel territorio nazionale e dell'assenza di tali vincoli con il Paese di origine.

Questa nuova categoria di lavoratori può fare ingresso in Italia al di fuori del regime delle "quote d'ingresso".
La richiesta del nulla osta deve essere presentata dal datore di lavoro allo Sportello Unico per l'Immigrazione.

Il relativo permesso di soggiorno elettronico, recante la dicitura "*Carta blu UE*", viene rilasciato dal Questore con durata biennale nel caso di contratto di lavoro a tempo indeterminato ovvero con durata pari a quella del rapporto di lavoro, per più di tre mesi.

Essa equivale al permesso di soggiorno per lavoro, ma presenta alcune limitazioni in quanto non consente al suo titolare, per i primi due anni dalla data del rilascio, di svolgere altre attività lavorative e una volta autorizzato l'ingresso e iniziato il rapporto lavorativo, lo straniero potrà lavorare esclusivamente nel settore per cui è stato autorizzato.
Lo straniero in possesso di Carta blu rilasciata da altro stato UE, potrà fare ingresso in Italia senza necessità del visto, solo dopo 18 mesi di soggiorno nello Stato membro che ha rilasciato la carta e potrà svolgere esclusivamente attività lavorativa altamente qualificata.

La dichiarazione di presenza
Gli stranieri che vogliono soggiornare nel nostro paese per un periodo non superiore a tre mesi per visite, affari, turismo o studio, così come previsto dalla legge 68/07, sono tenuti ad adempiere a precise condizioni[28]:

1. se provengono da un Paese terzo e fanno ingresso in Italia attraverso una frontiera esterna, sussiste l'obbligo di rendere la dichiarazione di presenza, che avrà valore solo per l'Italia. L'obbligo viene assolto presentandosi ai valichi di frontiera ove sarà apposta sul passaporto il l'impronta del timbro uniforme *Schengen*. Il passaporto dovrà essere timbrato anche in uscita oltre che in ingresso al fine di rendere certo il periodo di permanenza sul territorio nazionale;
2. se hanno fatto ingresso da uno Stato membro e successivamente si sono spostati in Italia, e prevedono un periodo di permanenza superiore agli 8 giorni hanno invece l'obbligo di dichiarare la loro presenza, entro otto giorni dall'ingresso in Italia, al Questore della Provincia in cui intendono soggiornare, compilando un apposito modulo, del quale ne verrà rilasciata copia e dovrà essere esibito insieme al passaporto, al fine di attestare la

---

[28] come specificato dal Decreto del Ministro dell'Interno del 26 luglio 2007 e dalla circolare esplicativa della Direzione centrale dell'immigrazione e della polizia delle frontiere del Dipartimento della Pubblica Sicurezza del Ministero dell'Interno, n. 400/C/2007/3146/P/12.297 del 7 agosto 2007

regolarità del soggiorno in Italia;

3. se ha fatto ingresso in Italia transitando in uno Stato membro ed è ospite in Italia presso una struttura alberghiera, la dichiarazione resa all'albergatore[29] costituisce dichiarazione di presenza.

L'inosservanza delle disposizioni previste può comportare l'espulsione dello straniero, qualora:

- la dichiarazione di presenza sia stata presentata in ritardo, salvo che il ritardo sia dipeso da forza maggiore;
- pur avendo regolarmente dichiarato la propria presenza, si sia trattenuto nel territorio dello Stato oltre il periodo consentito.

---

[29] articolo 109, commi 1 e 3 Tulps

Prima accoglienza ai migranti

Arrivata la nave che portava i clandestini attendiamo l'ordine: dopo aver avuto il permesso di salire a bordo: eccoli tutti in fila...cominciamo a farli scendere...erano uomini, donne e bambini... una bambina forse di 4 anni, si nasconde alla vista della divisa, allora mi tolsi il giubbotto e aprendo le braccia mi sedetti accanto a lei. Dopo un po' mi prese un dito con la sua manina, e solo allora la feci scendere e la portai come di protocollo dal medico per il controllo. Venni a sapere che aveva subito dei maltrattamenti da uomini in divisa nei campi, prima della partenza.

Le cifre

Il ministero degli Interni registra tutte le persone immigrate nel nostro Paese attraverso il "cruscotto statistico giornaliero" da cui sappiamo che nel 2016 sono giunte sul nostro territorio 174.602 persone, mentre nel 2017, sono 119.310, nel 2018 sono 23.370.

I migranti garrivano per lo più dal mare: i porti maggiormente interessati allo sbarco sono Augusta, Catania, Pozzallo, Lampedusa, Reggio Calabria, Trapani, Palermo, Vibo Valentia, Messina, Salerno, Crotone, Cagliari. Le nazioni di provenienza dei migranti dichiarate al momento dello sbarco sono: Nigeria, Guinea, Costa D'Avorio, Bangladesh, Mali, Eritrea.

I Minori non accompagnati sono rispettivamente nell'Anno 2014: 13.026, nel 2015: 12.360, nel 2016: 25.846 e nel 2017: 15.731, nel 2018 3.536.

I dati ISTAT riportano quanto segue:

"Nel corso dell'ultimo decennio intercensuario, come emerso dai dati preliminari, la popolazione straniera residente in Italia è triplicata, passando da poco più di 1 milione e 300 mila persone nel 2001 a oltre 4 milioni nel 2011. La popolazione straniera è cresciuta in Italia del 201,8%; la variazione percentuale massima si è registrata nell'Italia Meridionale (233,8%), area però nella quale la concentrazione di stranieri è meno elevata che nelle altre ripartizioni geografiche. Anche l'incidenza sulla popolazione totale risulta triplicata, passando da 23,4 stranieri per mille censiti nel 2001 a 67,8 per mille censiti nel 2011. Essa è ancora caratterizzata da una forte variabilità territoriale e oscilla da 95,3 stranieri per mille censiti nel Nord-Est a 27,7 nel Meridione e a 23,4 nelle Isole. I cittadini stranieri si distribuiscono sul territorio italiano con la medesima modalità rilevata al censimento del 2001: due stranieri su tre risiedono nel Nord, in particolare il 35% vive nell'Italia Nord-Occidentale, il 27% nel Nord-Est, il 24% nel Centro e il 13% risiede nel Mezzogiorno".

Una fuga disperata che spesso si conclude con la morte

Le guerre sanguinose e la crescita della popolazione in alcune parti dell'Africa e dell'Asia aumentano la fuga dai Paesi d'origine di uomini, donne, spesso minori non accompagnati. Ogni giorno vengono trasmesse dai media le drammatiche condizioni di viaggio di queste persone che affrontano il Mediterraneo in barconi stracolmi e malconci con l'intento di sbarcare in Europa. Il bilancio delle vittime di queste fughe è sempre più alto.

Per raggiungere l'Europa il principale approdo è l'Italia; questa situazione pone complessi problemi umanitari e di accoglienza. La penisola italiana è in molti casi una terra di passaggio verso altri Paesi.

Anche se il numero di emigranti che ogni anno arriva in Italia rimane alto, il dato di popolazione straniera residente nel nostro Paese è sostanzialmente stabile.

In fuga dalla violenza
Barbara Di Giovanni

Portala via! Te la regalo, io non voglio un frutto di una violenza.

Se con il termine **Integrarsi** si vuole indicare qualcosa o qualcuno da reinserire in un contesto socioculturale moderno la Donna è l'icona per eccellenza.

La donna è innanzitutto una persona, non può essere vista solo in funzione della nuova vita che porta in grembo, certo un bimbo è un valore aggiunto che richiede rispetto. La donna non deve essere considerata un oggetto. Nei porti Siciliani dove continuano ad arrivare Migranti da ogni parte dell'Africa la situazione delle donne talvolta è drammatica.

Ho soccorso negli ultimi anni tantissimi migranti, ed ogni volta scoprire quanta sofferenza esiste ad un paio di miglia dalla nostra penisola fa capire che bisogna fare qualcosa.

Violenza sessuale violenza di gruppo
Vi racconto un episodio tra i più drammatici che mi sono capitati.

Arriva la nave al porto vengono segnalati dagli organi competenti i casi di violenza. Come infermiera della Croce Rossa salgo a bordo per il primo contatto. Trovo due donne con i segni evidenti di percosse. La prima con tumefazioni sul viso, frattura nella regione frontale e zigomo sinistro, altre contusioni meno gravi su tutto il corpo. Mi avvicino a lei, non parla piange.

Fatta scendere dalla nave dopo i controlli ci siamo un po' appartate per capire quello che era successo.

Un racconto degno di una trama da film horror. Con le lacrime iniziò a parlare con un filo di voce.

"Sono scappata dal mio paese di notte sotto i bombardamenti. Una mia amica mi disse *"sai con cinquemila euro possiamo raggiungere l'Italia, si sta bene lì"*. Presi con me qualche indumento e partì. La prima tappa fu in Libia dove ci hanno rinchiusi per quasi un mese dentro un capannone buio e umido. In qualunque angolo ti rigiravi trovavi escrementi… che solo alla vista non ho toccato cibo per quattro giorni. Ho visto molta gente morire….il mio obiettivo era la salvezza.

Finalmente è arrivato il giorno della partenza, una barca azzurra di media grandezza ci viene a prendere. Ero felice ma ignara di cosa sarebbe accaduto. Partimmo di notte, eravamo in molti, avevamo a disposizione per ciascuno di noi meno di due metri di spazio, gli arti inferiori bloccati ma con la speranza in cuore. Si unì a noi una terza persona, una ragazzina di soli 16 anni che veniva in Italia dove l'attendeva la sorella più grande.

Al secondo giorno di viaggio si avvicinano a noi dei ragazzi che avevano intenzioni diverse dalle nostre. In cinque minuti si scatenò l'inferno, presero con forza la ragazzina e la violentano in modo selvaggio. Gridavamo *"Aiuto"* a squarciagola ma nessuno venne in nostro aiuto. Abbiamo provato a difenderla ma la forza brutale di questi ragazzi era indomabile. *"Mi hanno preso a pugni e calci in testa, in faccia, ho perso i sensi, non ricordo più nulla"*...al momento del risveglio non trovai più la mia amica, ma solo la ragazzina in una pozza di sangue per le lacerazioni subite. Era stata stuprata e con un fil di voce mi disse *"mi stava aiutando ma l'hanno buttata in mare.....Perdonami"*.

Voleva solo morire in quel momento, ma finalmente vengono soccorsi da un pattugliatore che li ha portati a terra.

Una triste realtà che si ripete quotidianamente. Dopo le cure ha raggiunto un centro di accoglienza nel Nord d'Italia. Poi è stata ospite in una Casa Famiglia. Adesso aiuta le donne vittime di violenza a superare i momenti difficili.

Si dovrà lavorare tanto.... si può ...e si deve

Si potrebbe parlare tanto, ma le parole a volte non bastano.

Il frutto della violenza

Un altro fatto terribile. Una violenza di gruppo subita in attesa del "Viaggio della speranza", la gravidanza in viaggio, la nascita di una bimba a poche miglia dal Porto, il frutto della violenza subita.

Una mattina di metà giugno sopraggiunge comunicazione di sbarco. Si attiva la catena dei soccorsi in quanto ci viene comunicato che a bordo vi sono due partorienti in travaglio.

All'arrivo della nave il comandante mi fa salire a bordo consegnandomi una scatola porta documenti con al suo interno avvolta in una metallina una bambina nata alle 3:00 del mattino.

Una *"Bambina bellissima, con un peso quasi 3kg senza alcuna patologia"*.

Si fa scendere anche la mamma una ragazza appena ventenne fatta imbarcare senza il marito e padre della bambina, perché non avevano soldi a sufficienza per pagare gli scafisti.

È ancora sporca di sangue, in attesa del trasferimento in ospedale si prestano le prime cure....Mi rivolgo a lei dicendo *"attaccala al seno ....fai sentire il tuo odore...lei ti riconosce....parla con lei"*...Tutto avviene in modo naturale e spontaneo.

Il comandante richiede nuovamente la mia presenza a bordo, mi consegna un'altra scatola con al suo interno un'altra bambina nata da meno di un'ora...bellissima, come la sua mamma, una ragazzina diciassettenne...

Mi presento a lei ma piange disperatamente...."*Guarda la tua bambina è bellissima.....lei mi spinge via ..rifiuta la bambina"*.

Capì subito che qualcosa di grave era successo. Fatta scendere dalla nave e controllata, la bambina sotto il profilo sanitario non aveva alcuna patologia, cercai nuovamente di approcciarmi a lei mostrandole la bambina....ma lei rifiuta nuovamente...*"Guarda la tua bambina ha bisogno di te allattala "* ma lei mi rispose " *Te la regalo io non voglio un frutto di una violenza di gruppo...portala con te altrimenti la butti in mare."*

A queste parole rimasi senza parole, ma non mi sono arresa, gli avvicinai la bambina, la poggiai sul suo seno e con le sue piccole labbra iniziò a succhiare....L'emozione era incontrollabile....Ancora una volta la natura vince sulla violenza.

Chiamò la sua bambina "*sunny day*" giorno di sole.

Si raccontano solo due episodi, tra i molteplici.

La violenza sulle donne, l'incapacità a ribellarsi alle violenze, la ribellione che conduce alla morte o a segni indelebili, nelle società moderne, emancipate, civili non dovrebbe più accadere.

Il reinserimento nei contesti socioculturali fa sì che la donna non rimanga solo una vittima, ma chieda ed ottenga rispetto, possa a sua volta essere d'aiuto ad altri.

La fuga
Angelo Garanzini

Ogni essere umano ha diritto a vivere in modo dignitoso.

Una sera come tante, ero in servizio presso un centro di accoglienza profughi dove circa 100 uomini, hanno trovato rifugio, ed attendono...non sappiamo e non sanno cosa attendono, un lavoro, un permesso di soggiorno, un amico...questa sera era dedicata alla socializzazione pertanto mi sono avvicinato a un uomo seduto in un angolo del salone.

A differenza di altri era sempre solo, con sguardo perso e assente non sorrideva e non parlava mai con nessuno, avvicinandomi, con uno sguardo ho raccolto lacrime che fluivano in un racconto strozzato a tratti disperato di un ragazzo anagraficamente, ma visivamente di un uomo.

Questo volto era consunto, eroso dal tempo, una fronte ampia corrugata, due occhi scuri e profondi contornati da solchi che si estendevano come radici sino alle guance infossate su un viso non databile, mani ruvide, spesse, nodose, con braccia minute ma forti, ampie cicatrici sulla schiena bruna, profonde come campi arati, polsi e caviglie con segni inequivocabili, catene....

L'amico che traduceva comprendeva solo in parte il suo atavico dialetto, che traduceva in un francese approssimativo...

Sono un pastore, una notte una banda di cinque predoni mi ha rubato il gregge, 12 capre in tutto, quella notte sono stato picchiato e legato, il giorno seguente il mio padrone non ha voluto sentire ragione mi ha bastonato fino perdere i sensi, io dovevo restituirgli il bestiame o il denaro, non potendo risarcirlo in alcun modo il mio padrone mi ha venduto come schiavo nei campi di lavoro....

Dopo tre anni in catene, sono fuggito per essere catturato e schiavizzato da un altro padrone per oltre un anno sino alla nuova fuga per poi essere oltre confine, arrestato, selvaggiamente picchiato tenuto chiuso in cella e poi in un container con atri uomini, come animali, odiati disprezzati, disumanizzati, svuotati, senza passato né futuro in un presente pericolosamente inconsistente e solo in ultimo imbarcato... io non ho pagato per emigrare, mi hanno detto o ti imbarchi o ti fuciliamo....

Su quella pelle liscia e scura, come dune di sabbia informi una moltitudine di cicatrici, occhi vividi brillavano.

Sono qui sono vivo, ma di nuovo perso, smarrito, isolato, straniero tra neri, in terra straniera, so parlare solo il mio dialetto non so leggere non so scrivere ma voglio vivere.....

Ho teso le mie mani alle sue stringendole forte, senza parlare ci siamo ascoltati nel silenzio, guadando quegli occhi pieni di vita e di speranza attonito con un nodo in gola, ripetutamente con forza ho esclamato:

ici vous êtes en sécurité.

Qui tu sei al sicuro.

Immigrazione

Elena Spini

Ero piuttosto impaurito, e vedendo passare per le strade un'infinità di gente mai vista, pensai che non avrei trovato neanche un viso conosciuto...e sentii una cosa strana, come una grande sofferenza che non potevo contenere. Cominciai a rievocare la casa, e gli amici... M. Delibes, Diario di un emigrante.

Con il termine "immigrazione" si definisce ogni movimento migratorio internazionale, individuale o di massa, originato da motivi economici, di studio, lavoro e familiari o dall'intento di sfuggire da situazioni di persecuzione, conflitti, catastrofi naturali, eventi rivoluzionari.

Una prima osservazione riguarda la dimensione internazionale che caratterizza, proprio nell'attuale momento storico i processi e, di conseguenza, le politiche e le normative dell'immigrazione.

Le ondate migratorie mettono in questione equilibri già spesso precari tra "minoranze" e "maggioranze", tra migranti e cittadini. La situazione di chi chiede di entrare è spesso paradossale perché', da un lato, i mass-media propagandano una vita dotata di tutti i comforts, dall'altra spesso tutti questi vantaggi sono destinati solo ad una piccola parte della popolazione.

Alcuni migranti si inseriscono secondo le aspettative ma altri restano bloccati ai livelli più bassi della gerarchia sociale. Da questa situazione non possono che scaturire conflitti.

La condizione di marginalità sociale si caratterizza soprattutto in relazione al pericolo che viene ad assumere nei confronti dell'ordine pubblico. Gli immigrati sono persone "in movimento" tra due mondi, sospesi e divisi tra abitudini di vita e culturali a loro proprie e un ambiente, almeno in parte, sconosciuto e sono di solito mossi dalla ricerca di condizioni di vita migliori.

Spesso i paesi di provenienza sono poveri oppure ivi non vengono rispettati i diritti civili. Per fuggire a tali situazioni i migranti mettono a rischio la propria vita, sono obbligati a viaggiare in condizioni disumane e possono essere oggetto di sfruttamento e abuso. Le condizioni di povertà estrema, guerre, espatri forzati, sovraffollamenti, disoccupazione, criminalità, sono spesso passaggi significativi del percorso migratorio, e danno origine a una **vulnerabilità individuale** sia mentale sia fisica, che ha probabilità di ripercuotersi anche sulle generazioni successive.

I momenti a rischio di sfruttamento sono:

- il momento di *reclutamento* che avviene nel Paese d'origine;
- il momento del *trasporto* fino al Paese di destinazione;
- lo *sfruttamento,* tipico del fenomeno di tratta, che avviene di norma nel paese di destinazione.

La fase del reclutamento

Le organizzazioni criminali che gestiscono i traffici istruiscono e addestrano gli emigranti consenzienti ad emigrare illegalmente, fornendo loro tutti gli strumenti necessari per eludere le norme sull'immigrazione e inserirsi nel mondo del lavoro sommerso (nero).

Le persone vengono assoldate, o talvolta letteralmente rapite, per mezzo del ricatto, dell'inganno (metodo più subdolo e probabilmente più efficace per reclutare le vittime e ottenere il loro consenso, poiché agisce sui sentimenti della persona, alla quale viene prospettato un futuro di benessere per se e per la famiglia: offerte di lavoro onesto, imponente remunerazione, legami affettivi tra vittima e trafficante). Il ricatto è utilizzato, insieme alla violenza, per creare nella vittima uno stato di totale asservimento psico-fisico nei confronti del padrone. Serve anche ai criminali, per salvaguardare la propria impunità, imponendo alla vittima di mantenere un comportamento omertoso per evitare azioni violente sulla sua persona o sui familiari rimasti in Patria.

Il trasporto

Il trasporto si realizza con mezzi diversi a seconda della rotta da seguire e delle tappe da effettuare. L'ingresso nel Paese di destinazione può avvenire:

- **via mare**, utilizzando gommoni o carrette del mare;
- **via terra** principalmente in auto, in pullman, in treno o in tir dotati di un doppio fondo dove nascondere i clandestini;
- **via aerea.**

Lo sfruttamento

Nella fase di reclutamento i soggetti deboli, i bambini, le donne, le persone che vengono da condizione di estrema povertà e senza un'istruzione di base possono essere vittime di schiavismo.

Mafia ed immigrazione

Le organizzazioni mafiose richiedono alle reti criminali transnazionali la fornitura di cittadini stranieri, diversificando poi i settori illeciti in cui utilizzarli (si pensi alle giovani donne dell'est europeo sfruttate a fini sessuali, agli stranieri sfruttati nel lavoro dei campi e in alcuni segmenti del lavoro "in nero").

Il trasporto dei migranti attraverso il Mediterraneo è gestito da organizzazioni criminali molto potenti stanziate nei Paesi di origine e di transito dei flussi migratori, con referenti nei Paesi di destinazione che favoriscono anche la fuga dai centri di accoglienza.

Lavoro nero-coatto

I clandestini in taluni casi restano debitori dei loro datori di lavoro che ne hanno organizzato l'espatrio, accettano paghe bassissime e offrono una capacità lavorativa molto alta e manodopera di straordinaria economicità.

Vivono in baracche senza acqua né luce, in condizioni igieniche inaccettabili, spesso sono affetti da patologie infettive e respiratorie a causa delle condizioni di vita disagevoli in cui trascorrono la loro permanenza nel paese di arrivo. Arrivano sani e tornano malati.

Invisibilità sociale

L'invisibilità sociale caratterizza alcune situazioni contemporanee di povertà economica e mantiene un suo peso anche nel caso delle forme più "visibili" di povertà e di indigenza, come è il caso dell'accattonaggio e dell'elemosina su strada. *L'accattonaggio* si caratterizza per la richiesta di soldi a chiunque, per strada, in metropolitana, nelle stazioni, sui marciapiedi, appena fuori dai supermercati.

Prostituzione

La principale fonte di arricchimento consiste nello *sfruttamento* degli esseri umani trafficati (caratteristica esclusiva del fenomeno di tratta).

I mercati nei quali vengono inserite le persone oggetto di sfruttamento sono vari: senza dubbio il mercato più fiorente è quello legato allo sfruttamento sessuale e in particolare allo sfruttamento femminile e minorile.

Le vittime in molti casi sono consapevoli di essere destinate allo sfruttamento e accettano tale stato per fuggire da situazioni di difficoltà di varia natura esistenti nel Paese di origine e per evitare ritorsioni e violenze contro i familiari rimasti in Patria. L'assoggettamento della vittima da parte dei gruppi delinquenziali su base nazionale, con caratteri spesso di vera e propria riduzione in schiavitù, ha connotazioni differenziate a seconda della nazionalità.

I gruppi criminali **stranieri** trovano forme di convivenza e di divisione del territorio con altri gruppi criminali nello sfruttamento della prostituzione. Sono in genere formati da persone provenienti dalla stessa città, dallo stesso quartiere e, addirittura, dallo stesso nucleo familiare.

Il gruppo si impone sul territorio grazie alla capacità intimidatoria, avvalendosi del fiancheggiamento di altre bande composte da individui di identica nazionalità e abituati a commettere, con analoga ferocia, lo stesso tipo di reati. Tra le bande esiste un accordo, tacito od espresso, di spartirsi il territorio, che consente alle ragazze di prostituirsi nella zona loro assegnata senza essere disturbate da altre persone o dai loro protettori.

Tali gruppi hanno una struttura generalmente orizzontale, usano il sistema del terrore per diffondere il messaggio di un potere al quale è quasi impossibile sottrarsi ed dimostrano particolare efferatezza nell'uso dei mezzi di coercizione della volontà delle vittime che manifestavano una qualche volontà di resistenza o il desiderio di sottrarsi allo sfruttamento.

Esse vengono sfruttate in virtù del debito che hanno contratto per emigrare all'estero, nel rispetto di un contratto stipulato.

Le ragazze vengono reclutate da membri dell'organizzazione criminale che si recano periodicamente nei Paesi d'origine alla ricerca di nuove vittime, alle quali viene prospettata l'opportunità di svolgere all'estero un lavoro pulito (la falsa meta è quella di un impiego nel campo dello spettacolo). Una volta giunte nel paese, munite di documenti falsi oppure nascoste in grossi camion, le giovani vengono dislocate in varie abitazioni e costrette, anche con la violenza fisica e le minacce, a prostituirsi sotto il costante controllo degli sfruttatori.

In tale contesto accade anche che le vittime, una volta affrancatesi, si propongano quali gestori di nuove case d'appuntamento e collettori per il procacciamento di nuove clandestine da avviare alla prostituzione.

Un approccio psicologico alla migrazione
Sul piano dell'adattamento i comportamenti sociali devono essere riletti per il significato profondo che hanno nella realtà interna, nei legami emotivi e nelle relazioni affettive intime degli individui. È diverso essere partito con un progetto migratorio costruito ed appoggiato dalla famiglia nel paese di origine, o scappare, o essere un esiliato o un profugo! L' emigrazione forzata per ragioni di guerra ed esilio possono provocare sofferenze d'identità.

Dal punto di vista psicodinamico il sentimento di identità è il risultato di un processo di interazione continua tra *tre vincoli di integrazione psichica.*
1. *Il vincolo spaziale,* che implica la relazione fra le diverse parti del sé, compreso il sé corporeo. È la dimensione intrapsichica, nel senso delle relazioni oggettuali interiorizzate, sulla base delle prime esperienze relazionali, che sono alla base della costituzione del mondo interno.
2. *Il vincolo temporale* che unisce le diverse rappresentazioni di sé nel tempo, stabilendo fra loro una continuità e creando la base al sentimento di essere sé stesso nel passato, nel presente e nel futuro.
3. *Il vincolo di integrazione sociale* che permette il senso dell'appartenenza nel riconoscimento profondo delle dimensioni implicite ed esplicite del contesto sociale.

"L'altrove" è un luogo lontano dai suoni, dagli odori, dalle sensazioni che costituiscono le prime tracce su cui si è stabilito un codice di funzionamento psichico. Significa trovarsi a metà strada tra due culture. L'emigrazione è un'esperienza potenzialmente traumatica. È strappare le proprie radici dalla terra d'origine, cercando un modo di trapiantarsi nella nuova terra, con la necessità di non rinunciare a sé stessi e alla propria identità.

Ogni emigrazione è segnata da passaggi dolorosi:
- il distacco
- il viaggio
- l'arrivo
- l'inserimento in una realtà nuova e sconosciuta.

Quali possono essere i fattori psicosociali distruttivi o al contrario protettivi nel sostenere l'elaborazione di questi passaggi? L'emigrazione è una esperienza emotiva che dura tutta la vita, fino al faticoso raggiungimento della consapevolezza di essere un immigrato/emigrato.

La nostalgia degli affetti familiari e del proprio Paese
Per i migranti il senso di incertezza e di paura per il futuro proprio e della propria famiglia e la difficoltà nella ricerca di una sistemazione lavorativa e alloggiativa sono realtà quotidiane.

L'emigrazione è un'esperienza che unisce la dimensione emotiva della nostalgia, della paura, ma anche della speranza e della progettualità. In ogni emigrazione c'è un progetto di vita. Gli emigranti si spostano con la loro storia ed il loro carico di sogni e speranze, con il desiderio di trovare finalmente condizioni migliori di vita (sia che vengano da paesi in guerra, sia che vengano da paesi più poveri o comunque da condizioni economiche difficilmente sostenibili), si ritrovano a vivere i piccoli ed i grandi problemi della vita quotidiana da soli, senza il supporto della rete familiare e amicale. Chi parte deve far fronte sempre a paure primarie di separazione e di abbandono e di incontro con lo sconosciuto.

Il migrante è reso fragile, poiché non è più inserito nella cornice di elementi protettivi, che hanno costituito il suo ambiente e la sua storia fino alla partenza. Resta sospeso tra due mondi, non ha più una cultura omogenea con cui confrontarsi, vive in una doppia assenza: quella del proprio luogo, e quella del nuovo mondo. Si crea così una situazione di isolamento fatto di silenzio per il fatto di non comprendere la lingua, di un non rispecchiamento nell'altro, di paura di nostalgia, l'emigrazione comincia molto prima della partenza, e se comincia nel paese di origine, nella famiglia, nel gruppo, sarà più protetta. Se nel gruppo può essere condiviso un "rituale della partenza", la persona sarà più in grado di elaborare le complesse dinamiche emotive che lo attendono.

L'arrivo in un paese straniero, la solitudine, la non conoscenza della lingua, la ricerca del lavoro, della casa attivano:

- *angosce di tipo paranoide:* sensazioni di non essere compreso, di essere escluso, giudicato, discriminato, osservato...;
- *angosce di tipo confusionale:* si confondono le lingue, i luoghi, i ricordi, il tempo e di tipo depressivo: sensazioni di tristezza, di non speranza, di chiusura nella nostalgia, di ambivalenza affettiva espressa sia nel desiderio di integrarsi nella nuova realtà, sia nell' angoscia di perdita delle proprie appartenenze d'origine. Quanto più la realtà interna del soggetto è minata nella possibilità di elaborazione di questa area del lutto e della separazione e quanto più la realtà esterna è difficile, tanto più ci saranno elaborazioni patologiche fino a vere malattie psichiatriche: depressioni, psicosi confusionali, psicosi persecutorie.

Vi sono, poi, meccanismi di difesa che possono essere messi in atto quali:

- *l'iper-adattamento maniacale:* identificarsi cioè rapidamente con i costumi e le abitudini della gente del nuovo paese, cercando di dimenticare, o denigrare il proprio;
- *l'esprimere una chiusura* solo nei propri usi, costumi, lingua.

Spesso *disturbi del comportamento* o *dell'apprendimento* nei bambini e negli adolescenti sono il sintomo di una sofferenza emotiva che non trova parole e pensieri per essere comunicata.

L'eredità culturale è un'estensione dello «spazio potenziale» tra l'individuo e il suo ambiente.

Tale spazio è subordinato alla formazione di uno spazio tra *l'Io e il non-Io,* tra **il "dentro"** (gruppo di appartenenza) e **il "fuori"** (gruppo ricevente), tra passato e futuro.

L'emigrazione ha bisogno di uno spazio potenziale che serva da luogo di transizione e tempo di transizione, tra il "paese-oggetto materno" e il nuovo mondo esterno. Se la creazione di un tale spazio non avviene, si determina una rottura nel rapporto di continuità tra l'ambiente circostante e il Sé. La rottura che si genera può essere paragonata alle assenze prolungate dell'oggetto desiderato dal bambino, le quali portano alla perdita delle capacità di simbolizzazione e al bisogno di ricorrere a difese più primitive. La madre crea quello che Winnicott definisce l'ambiente di holding, uno spazio fisico e psichico in cui il bambino è protetto senza sapere di esserlo, in modo che proprio questa dimenticanza costituisca la base dalla quale può partire spontaneamente l'esperienza successiva. Anche un emigrante, con la perdita di oggetti rassicuranti, subisce una diminuzione delle sue capacità creative, il cui recupero dipenderà dalla possibilità di elaborare lo stato di deprivazione e dalla capacità di superarlo.

L'emigrazione è una delle circostanze della vita che più espongono la persona a forme di *disorganizzazione*. Se l'individuo possiede sufficienti capacità di elaborazione, riuscirà a superare la crisi e la assumerà come *"rinascita"*, processo che aumenterà il suo potenziale creativo.

Diversi autori considerano la *migrazione come un rischio* da una parte, per la condizione economica e sociale in cui colloca gli individui e i gruppi migranti; dall'altra, per il fatto di minare l'integrità identitaria del soggetto attraverso uno shock culturale.

Gli immigrati possono manifestare problemi congiunti di comunicazione, di apprendimento di una lingua/cultura diversa e distante dalla loro, di dubbi rispetto alla loro permanenza nel paese, di difficoltà d'inserimento e accettazione delle differenze.

L'immigrato richiama categorie d'inclusione ed esclusione sociale **interno** alla società come *partecipante allo sviluppo economico*, ma anche **esterno** in quanto *non cittadino*. Essere dentro significa: sentirsi appartenente a un gruppo, nel quale ci si rispecchia, ci si sente accettati e amati. Il dentro è concepibile solo se si configura un fuori, inteso come estraneità simbolizzata come "nemico".

L'appartenenza si trasforma in **difesa dal nemico comune ove** ci si unisce nell'idealizzazione di un "ente" comunemente riconosciuto come superiore e a cui offrire la propria dipendenza condivisa (in questo caso la Patria, la religione, le associazioni, ecc.) Tutto ciò che è fuori è concepito come diverso, altro, forestiero, minacciante. Verso "l'altro" si vive un duplice atteggiamento che va dall'attrazione, desiderio d'esplorazione e di conoscenza, a rabbia distruttiva, invidia, sfida.

Anche quando la partenza dal proprio paese è una libera scelta – ci sono sentimenti di paura e di colpevolezza per aver abbandonato la propria patria, la propria famiglia. La migrazione si manifesta come elemento critico-generativo di potenziali vantaggi (come l'accesso a una nuova opportunità di vita e di orizzonti) e di un insieme di difficoltà e di tensioni.

L'emigrante che si trova ad affrontare una situazione nuova e inusuale prova spesso **incertezza e smarrimento** che richiedono un tempo di adattamento più o meno prolungato. Il migrante che arriva in terra straniera sperimenta questo quando entra in contatto con la società che lo ospita. Viene definita "Sindrome di

Ulisse" il senso di disagio di fronte all'ignoto. La persona può avvertire l'ambiente come ostile, intollerante, talvolta solo indifferente; viene privato della propria identità culturale e invischiato in una realtà che spesso fatica a comprendere. Spesso si associa ad un sentimento di **estrema solitudine** che egli avverte in quanto lontano da familiari e amici, sradicato da ogni tradizione e proiettato in un mondo a lui estraneo.

Le motivazioni della partenza, la concezione della migrazione stessa, la cultura d'origine sono elementi che possono definire il carattere e l'esito del progetto migratorio. A volte però, l'impatto con una società distante e inospitale distrugge le *attese e le speranze* del migrante che tende a sperimentare un profondo disagio interiore, espresso preferibilmente attraverso il corpo.

Ciò può portare ad un disturbo mentale o culminare con il ritorno in patria Nell'impatto con la nuova cultura, l'immigrato ha bisogno di un momento di assestamento e riflessione, che gli dia la possibilità di conoscere il contesto e di adattarsi.

Le sofferenze emotive sono spesso nascoste a causa dei problemi concreti della vita quotidiana: la casa, il lavoro, i permessi di soggiorno, i soldi.

I problemi e le sofferenze non sono esclusi dalla comunicazione poiché non c'è una lingua condivisa per esprimere i pensieri e le emozioni. Tali difese psichiche, sottili e profonde, rendono le persone distanti le une dalle altre.

L' emigrazione e le diverse età della vita

Le esperienze migratorie hanno un impatto diverso nelle varie età.

1. **Nell'infanzia** i bambini, da una parte, sono facilitati nei nuovi adattamenti per la loro plasticità psichica di apprendimento della lingua, della comunicazione non verbale, delle regole di socializzazione, dall'altra però, sono molto più dipendenti dal clima emotivo familiare per il loro sviluppo psico-affettivo e in questo senso sono molto esposti alle emozioni e ai disagi dei genitori.

I bambini immigrati possono affrontare una separazione dai genitori, rimanendo affidati a parenti possono sperimentare più volte le separazioni dell'emigrazione, tornando nel paese di origine, nell'età della scolarizzazione o nell'adolescenza. Essi presentano una vulnerabilità psichica specifica sul piano psicopatologico e cognitivo.

I bambini tendono a strutturarsi su una scissione: il mondo interiore legato all'affettività e all'universo culturale dei genitori da una parte e il mondo esterno, della scuola e dei media retto dalle regole del contesto di immigrazione dall'altra.

Il bambino esprimerà il suo disadattamento attraverso un attaccamento esagerato alla madre. Mostrerà fobie, isolamento, rifiuto della scuola, difficoltà scolastiche, sentimenti persecutori, comportamenti aggressivi. Mostrerà il proprio malessere con disturbi del comportamento alimentare inappetenza, voracità - disturbi del sonno, enuresi, propensione agli incidenti. Il bambino di una famiglia immigrata è un bambino esposto al rischio trans-culturale.

La nascita ed i primi attaccamenti avvengono con una mamma spesso sola e sradicata, la mamma è esposta ad esigenze contraddittorie che possono spiegare incertezze, contraddizioni e preoccupazioni.

La scolarizzazione comporta il passaggio da una filiazione ad una affiliazione e, se è vissuta come scelta impossibile fra due mondi, può portare il bambino ad abbandonare il proprio potenziale creativo: inibizione all'apprendimento, turbe del comportamento, abbandoni scolastici.

I bambini possono sentirsi esposti a situazioni che creano in loro sentimenti di vergogna: sentirsi diversi ed incapaci di competere con bambini della loro età nell'uso della lingua, dei linguaggi segreti, della complicità dei codici culturali. E i conseguenti dubbi su chi sono i buoni e i cattivi, i capaci e gli incapaci, su chi vale e non vale, e che cosa ha valore.

2. **L'adolescenza** è l'età di ricerca e consolidamento del sentimento di identità con tutta la violenza emotiva che questo comporta, ed è l'età in cui al massimo si coniugano risorse vitali e proiezioni nel futuro. Se l'emigrazione è scelta insieme alla famiglia, la famiglia può risultare protettiva e spronante altrimenti è coercitiva. Studi recenti rafforzano l'ipotesi della relazione tra stress dovuto all'accumulazione e forme di psicopatologia tra giovani immigrati (depressione, abuso di sostanze, comportamenti antisociali, ansia, difficoltà di concentrazione. Avere due culture è ricchezza, vivere in una doppia assenza è spaesamento.

3. **Nell' età adulta** *l'emigrazione* determina fattori potenzialmente stressanti quali i pericoli del viaggio spesso clandestino, la disoccupazione ed il basso reddito, le difficoltà di adattamento sociale (disparità economica e culturale, lingua, trauma vissuto nel paese di origine), le difficoltà di accesso all'istruzione, la Xenofobia ed il conflitto culturale intergenerazionale.

L'integrazione che viene offerta, è spesso sostanzialmente economica sul piano del mercato del lavoro e della partecipazione all'uso di beni di consumo, ma è carente dal punto di vista affettivo e sociale.

Molte persone che arrivano dal paese di origine con un bagaglio culturale medio-alto, vivono "un'involuzione" dal punto di vista professionale, non essendo riconosciuti, nella società ricevente, i titoli di studio acquisiti o le professioni praticate nel paese di origine che comporta una sofferenza causata da un crollo dell'autostima, da una perdita della propria identità e dalla difficoltà di definirne una nuova.

Cause di disagio sociale sono dovute al cambiamento del ruolo dell'uomo all'interno del nucleo familiare determinato dai processi migratori, che vede la figura maschile assumere una funzione subalterna talvolta alla donna, che si inserisce nel mondo del lavoro e questo cambiamento può essere difficilmente accettato.

La difficoltà di ridefinire una nuova identità in un contesto in cui vengono a mancare i punti di riferimento sociali, familiari e culturali. In tale ambito il consumo di alcol si inserisce come meccanismo di sedazione dell'ansia e di senso di alienazione da una realtà in cui non ci si riconosce più.

La mancanza di contesti aggregativi e di socializzazione dovuta all'assenza di luoghi aggregativi spontanei e socializzanti pari a quelli del paese originario, il forte stress lavorativo dovuto al fatto che spesso le persone straniere sono fonte di "tratta" economica ossia sono in continuo contrasto personale e professionale, rispetto al lavoro, il senso di solitudine e di precarietà, molto frequente nelle donne immigrate che hanno perso il lavoro e devono affrontare la gravidanza, lontane dal loro paese d'origine e dalla loro famiglia, l'indifferenza in cui spesso la donna è costretta a vivere portano facilmente al disadattamento. Tuttavia, si evidenzia una maggiore "solidità" della donna rispetto all'uomo, nell'affrontare tale disagio.

4. **Gli anziani** migranti hanno, pressappoco, gli stessi problemi che incontrano gli anziani poveri e riguardano la difficoltà di accesso alla protezione sociale, ai problemi economici e di salute, l'isolamento e la solitudine, il dover, spesso, condividere gli spazi abitativi con famiglie numerose. I migranti anziani, talvolta, assumono il ruolo di leader nelle comunità di appartenenza, partecipando attivamente alle decisioni e alle attività collettive e contribuendo ad applicare misure per la pace.

Le cause, le differenze e gli effetti della mancata integrazione
Possiamo analizzare i fattori che concorrono alla mancata integrazione.

1. **Rabbia-aggressività-disprezzo**
I problemi a monte dell'espressione della rabbia e del comportamento aggressivo trovano origine nell'emarginazione sperimentata nel periodo infantile-adolescenziale. Se una persona si sente presa in giro dai coetanei per il colore della pelle, le fattezze fisiche, le possibilità economiche, può reagire in due modi: o si chiude in sè stessa e con il tempo cercherà di superare il tutto, oppure decide di fare le stesse cose su altre persone più deboli emotivamente.

2. **Disturbo oppositivo-provocatorio**
Il comportamento sistematicamente provocatorio, negativista ed ostile (collera, litigiosità, sfida, provocazione, ecc).

3. **Disturbo della condotta**
Tendenza stabile alla violazione delle regole e dei diritti altrui (aggressioni a persone o animali, distruzione di proprietà, furti, gravi violazioni di regole, fughe). **Disturbo della condotta di tipo socializzato:** associato ad attività antisociali nel gruppo dei coetanei.

4. **Disturbo della condotta di tipo non socializzato**
Di solito è associato ad incapacità a formare legami interpersonali.

5. **Aggressività impulsiva o reattiva improvvisa**
Spesso associata ad uno stato affettivo intenso (rabbia, paura), non programmata né finalizzata all'ottenimento di un vantaggio, esplosiva ed esplicita. Legata alla percezione non realistica e persecutoria di una minaccia esterna, della quale il

soggetto è del tutto convinto (distorsione cognitiva), per cui egli tende a reagire con aggressività eccessiva.

6. Aggressività predatoria

Non impulsiva, finalizzata all'ottenimento di un vantaggio, programmata, spesso subdola e furtiva, spesso non associata ad uno stato affettivo significativo. L'obiettivo è ottenere il possesso di un oggetto (*object-oriented*) o il dominio su una persona (*person-oriented*). Si esprime attraverso la coercizione, o l'attacco a scopo di furto, o la vittimizzazione dei più deboli.

Il comportamento aggressivo

Secondo Skinner il livello di aggressività ontogenetica, non può essere trattata unicamente con un sistema sociale punitivo: significherebbe spostare l'attore aggressivo dal soggetto alla istituzione e creare le condizioni per aumentare l'aggressività ontogenetica, visto che i rinforzi negativi, e una risposta aggressiva aumentano il livello complessivo di aggressività.

Una sua soluzione sociale al problema dell'aggressività ontogenetica passa dalla moralizzazione della società che non deve più comunicare l'efficacia della violenza e che deve controllare i comportamenti aggressivi per mezzo dell'impegno delle persone su attività che permettano di occupare il tempo e scaricare l'aggressività (ad esempio lo sport).

Lewin sostiene che la legge dell'aggressività all'interno di un modello che considera il comportamento come l'esito dell'incontro tra persona ed ambiente psicologico dove la struttura collettiva e il clima gruppale possono incidere sul comportamento del soggetto più di quanto possano fare le sue istanze mentali interne.

L'aggressività risulta da molti fattori ambientali e personali. Esiste un rapporto tra sentimento di tensione ed aggressività e sugli effetti dell'aggressività determinati dal grado di rigidità del gruppo. Il grado di tensione necessario a generare aggressività è dato dal grado di irritazione proveniente dall'esterno (stimoli percepiti come disequilibranti), dalla pressione relazionale esercitata da colui che ricopre il ruolo di leader e dallo spazio fisico all'interno del quale ci si può muovere, aspetti che sulla base della loro intensità e frequenza generano la forza propulsiva dell'aggressività. Un clima di punibilità e una rigidità strutturale del gruppo fanno aumentare l'aggressività. Milgram si domanda: Quanto una persona, che per valori e principi è contraria a fare del male, sotto pressione di un comando è disposta ad essere aggressiva e violenta?

Un ambiente percepito come autoritario ed impositivo, la possibilità dell'aggressore di deresponsabilizzarsi mettendosi al di fuori delle regole contribuiscono fortemente a generare agiti violenti ed aggressivi, anche in soggetti naturalmente non portati a compiere tali atti. L'aggressività si ottiene da situazioni ambientali e su qualsiasi persona se si riesce a generare conflittualità e disequilibri emozionali nei soggetti i quali, non riuscendo a fuggire o a ribellarsi (anche in assenza di punizioni), risolvono tale situazione attraverso il "contro-antropomorfismo" cioè de-umanizzando i propri agiti, de-responsabilizzandosi, come se l'azione aggressiva sia opera di "un'anima" diversa da quella del diretto aggressore.

Questo avviene attraverso uno scarico di responsabilità del diretto aggressore sull'autorità e/o sull'istituzione. "Anche se le persone non sono motivate ad essere aggressive, possono da un momento all'altro partecipare a comportamenti aggressivi e distruttivi".

Bandura afferma che l'aggressività è un fatto sociale e non biologico, dato dai modelli aggressivi rappresentati dalla società e dalla capacità latente della persona di apprendere dagli stessi modelli (*modeling*). Il comportamento aggressivo non è l'effetto di una frustrazione, né di una pulsione, ma l'effetto della possibilità di imparare da modelli aggressivi (*modeling*), specie se questi sono percepiti come socialmente accettati, efficaci e premiati. La scelta del comportamento aggressivo, sia per qualità che per forza, dipende dalla pressione dei messaggi, dalle narrazioni socioculturali dominanti e dalla capacità della persona di apprendere dai modelli, attraverso il "cemento" del "rinforzo vicario" ovvero attraverso la possibilità di prefigurare come ritenuti socialmente positivi o negativi gli esiti di una nostra azione. Esiste la capacità di apprendere per sola esposizione -a prescindere da condizioni mentali soggettive– e l'aggressività può esserci unicamente a partire da come la persona pensa sia il giudizio sociale su una data azione e quindi dal potersi prefigurare in anticipo conseguenze premianti o punenti il proprio agito.

L'angoscia nei confronti del diverso, dell'invasore, serve a focalizzare le paure e le insicurezze dei cittadini verso un "nemico comune", svia dai reali motivi di inquietudine che derivano da periodi di crisi economica, politica o di sfiducia nelle istituzioni.

La paura deriva spesso dalla mancanza o dalla erronea lettura delle informazioni a proposito di una determinata manifestazione. Il contatto diretto e l'integrazione con "l'altro" porta a ridimensionare la visione del problema. La mancata integrazione deriva anche dal fatto che i giovani immigrati della seconda generazione si sentono cittadini di serie b, con minori diritti e minori possibilità economiche rispetto agli autoctoni.

Il fallimento del "progetto migratorio" può portare a problemi di tossicodipendenza, emarginazione e la criminalizzazione e punizione dei comportamenti devianti quali: azioni criminose seriamente punibili, ma anche l'accattonaggio, il vagabondaggio, il lavoro nero, il frutto di situazioni di povertà e disagio. La vera sicurezza del cittadino, non si difende con la criminalizzazione di soggetti deboli o cedendo al panico dell'invasione straniera. La vera sicurezza del cittadino non passa solo attraverso il controllo ma anche attraverso la solidarietà e l'integrazione.

L'integrazione dell'immigrato
Il processo di integrazione nella nuova comunità ospitante comporta inevitabilmente sentimenti di persecuzione, diffidenza e dolore da ambo le parti in gioco. Sia il gruppo che accoglie, sia lo straniero che chiede di essere accolto, devono confrontarsi con il riattivarsi dell'angoscia catastrofica derivante dall'impatto con il nuovo, alla base dell'incontro con chi appare diverso, estraneo o sconosciuto.

L'esperienza dell'integrazione comporta per entrambe le parti in gioco un vissuto di rinuncia e il dovere di lottare con le angosce scatenate dall'ignoto e i sentimenti di ambivalenza, rabbia, rifiuto e avversione che possono scaturire come intolleranza della frustrazione. Il nuovo venuto deve confrontarsi inizialmente con la confusione, il caos, la paura di perdere le proprie radici e quella dell'ignoto, l'inadeguatezza e la mortificazione di sentirsi non voluto e ai margini del nuovo gruppo sociale.

Il gruppo che accoglie deve venire a patti in un certo grado con la perdita della sicurezza che il contatto con l'esperienza della diversità induce.

Ogni processo di integrazione comporta la perdita di una condizione originaria, con i vantaggi del senso di stabilità e di protezione che essa garantiva, per aprirsi a una nuova esperienza di cambiamento che se elaborata potrà contrassegnare un ulteriore salto di crescita sia per il singolo che chiede accoglienza, sia per il gruppo o la comunità che lo riceve.

Quando questo processo può realizzarsi compiutamente, allo scombussolamento, al dolore e allo sforzo, da ambo le parti in gioco, di lottare con le angosce persecutorie, confusionali e depressive che si riattivano, consegue gradualmente un senso di amore ritrovato, che segna un avvenuto processo di fecondazione e di arricchimento reciproco.

La comunità si sentirà arricchita dall'incontro con il nuovo venuto, così come questi, dal canto suo, si sentirà grato di sentirsi accettato e accolto dal gruppo stesso.

Contenitore e contenuto potranno fecondarsi reciprocamente dando luogo a un'esperienza generativa di crescita per entrambi; ciò che in sintesi è il risultato dell'integrazione.

Quando dominano le tendenze persecutorie prevalgono le difese patologiche in risposta a un'angoscia catastrofica troppo forte per potersi esprimere con uno stato di *dubbio senza persecuzione* alla base della capacità di avere curiosità per ciò che è nuovo o diverso, della possibilità di tollerare l'attesa e l'incertezza in uno stato di temporanea sospensione dal giudizio.

Il gruppo manifesta preventivamente un senso di chiusura verso lo straniero o il diverso, a protezione dell'angoscia da esso scatenata e riattivata. Il singolo può rifiutarsi di compiere il necessario sforzo insito nell'esperienza inevitabile di perdere taluni aspetti di sé necessaria all'integrazione con il gruppo. Può reagire con un maniacale senso di identificazione grandiosa e superficiale con la cultura del gruppo, coprendo con il diniego il dolore per la perdita di quelle parti di sé legate all'investimento e al mantenimento delle proprie radici.

Quindi l'emarginazione sociale, come controparte patologica del processo di sana integrazione, si può presupporre che sia data essenzialmente da un fallimento nella possibilità di condividere.

L'adattamento sociale

Il gruppo organizzato in senso maniacale offre solo l'illusione di una vera condivisione affettiva. In realtà quello che emerge al proprio interno è piuttosto un vuoto di condivisione, derivante dal deserto di relazioni umane autenticamente significative. In un'era in cui la socialità e la socializzazione si estendono sempre di più e sempre più rapidamente, paradossalmente sembra venir meno il livello di profondità nelle relazioni affettive intime. Prima ancora di qualsiasi forma di coercizione la società persuade i propri membri ad adottare i comportamenti "normali" attraverso quel complesso processo di trasmissione della cultura e dell'identità collettiva che viene indicato col termine *socializzazione*.

Per effetto della socializzazione le persone aderiscono spontaneamente alle regole di comportamento stabilite (che vengono appunto dette "norme") e ai valori che ne stanno alla base. Tutto ciò che si discosta dalla norma viene giudicato negativamente e rifiutato. Quanto più un comportamento minaccia una norma importante, tanto maggiore è la reazione del sistema sociale. Mettere ai margini della società chi ha un comportamento contrario alle regole stabilite è uno dei più elementari (e utilizzati) sistemi di autodifesa usati da ogni società.

L'emarginazione è la condizione di coloro che, per qualche aspetto del loro comportamento, si discostano dalla normalità accettata (i cosiddetti "diversi").

Ci sono, in Italia, minori in condizioni di marginalità, a rischio di devianza e nel circuito penale; minori stranieri che giungono soli in Italia, senza una rete familiare di sostegno.

La condizione di straniero non può identificarsi con una condizione di marginalità, tuttavia una componente non irrilevante dei flussi migratori è composta da persone che, una volta giunte in Italia, incontra condizioni di vita di particolare difficoltà e precarietà. Alloggia spesso in situazioni non idonee o di sovraffollamento, è impegnata in attività di lavoro nero e, per quanto riguarda le persone irregolarmente presenti, è facilmente inseribile all'interno di circuiti di illegalità.

La marginalità delle persone immigrate riguarda anche la dimensione spaziale, dal momento che nelle città si vengono a creare quartieri con caratteristiche di tipo monoetnico e monoculturale e gli immigrati sono tra i primi a soffrire dell'emergenza abitativa.

Tra coloro che vivono in condizioni di povertà estrema, le persone immigrate possiedono, generalmente, maggiori capacità di resistenza e sono meno colpite dalle conseguenze esistenziali di tale condizione (crollo delle aspettative, perdita dell'autostima).

I protagonisti del processo migratorio sono, nella gran parte dei casi, le persone che, nelle proprie comunità di appartenenza, esprimono maggior coraggio e determinazione e queste doti possono giocare un ruolo importante anche nel paese di arrivo. Spesso le condizioni di povertà assoluta vissute nella prima fase di per molti stranieri non si cronicizzano, ma vengono superate nel tempo.

Una particolare attenzione va dedicata alla condizione dei richiedenti asilo e rifugiati, resa ancor più difficile, rispetto a quella degli immigrati per motivi economici, dal fatto di essere stati costretti alla fuga e di aver dunque, in molti casi, definitivamente tagliato i ponti con il paese di origine.

La tolleranza quale presupposto per la vera integrazione sociale riflette i caratteri di uno stato mentale depressivo che dà voce alle parti doloranti, sofferenti e bisognose di sé, per arrivare a capire le ragioni degli altri, a integrare le ambivalenze, a tollerare le diversità e ad assumere una posizione lungimirante di responsabilità sociale aperta alla complessità della vita, dei caratteri umani e della società, a partire dalla consapevolezza della comune esperienza universale della sofferenza.

Accesso dei migranti in pronto soccorso

....Siamo tutti ospiti sulla Terra e il modo in cui viaggiamo e siamo ospiti, il modo in cui andiamo incontro ad altri migranti mostra quale sia il nostro atteggiamento nei confronti della nostra misteriosa origine e destinazione.

Il percorso di studi di mia figlia si sta concludendo, in questo mese sta frequentando la pediatria di un grande e storico ospedale milanese. L'aspetto che l'ha impressionata maggiormente è il grande numero di famiglie non italiane che fanno capo a questo ospedale ed in particolare al pronto soccorso pediatrico. Il suo racconto della giornata di oggi si è concluso con l'affermazione: *in questo contesto, con questi presupposti l'integrazione di questi bambini nel nostro Paese è impossibile.* I figli dei migranti vengono condotti in pronto soccorso più spesso per problemi semplici: riniti, enteriti, dolori addominali, tosse, poiché non dispongono dell'assistenza pediatrica di base. Altre volte vi ricorrono per i traumi più o meno gravi.

Innanzitutto, il fatto che spesso l'accesso al pronto soccorso sia "non opportuno" determina nel personale infermieristico un atteggiamento sprezzante quando non francamente crudele. A farne le spese sono i bimbi, specie i più grandicelli, (quelli piccoli sono così carini e fanno tenerezza!) che si interfacciano direttamente con il personale infermieristico.

Il nostro personale forse con un maldestro intento educativo sprona, incita, redarguisce...bimbe, preadolescenti, adolescenti, spaventate, sofferenti, malnutrite.

Imbarazzo e inadeguatezza

Giunge accompagnata da un uomo di circa 60 anni, alto 145 cm con una evidente malformazione del cranio, a forma di torre, una ragazzina di 12 anni, obesa, alta 170, lamentando forti dolori addominali di tipo colico. La ragazzina di etnia orientale non ben chiara parlava benissimo l'italiano e lo comprendeva altrettanto bene, diversamente dall'uomo, che mostrava di capire molto poco.

La madre era ricoverata in psichiatria, così raccontò la bimba. Quell'uomo anziano che l'accompagnava era suo padre. La ragazzina era visibilmente sofferente, imbarazzata per doversi spogliare, parlare delle sue funzioni fisiologiche...

Si sentiva goffa, e probabilmente lo era davvero. Alle domande circa il ciclo mestruale non sapeva rispondere e neppure il padre aveva risposte congrue. L'infermiera che era presente alla visita ne risultava ancora più irritata. *"Come fai a non sapere nulla del tuo ciclo mensile? Devi annotarlo...di solito cosa prendi? Quando hai avuto il ciclo l'ultima volta? È la prima volta che hai dolore?"*

Cosa ne sarà di questa ragazza?

Qualcuno le darà il naproxene che le è stato prescritto?

Qualcuno l'accompagnerà a scuola?

Si sentirà mai parte del nostro Paese?
Si sentirà mai parte del suo Paese?

Integrazione possibile

Il mondo intero è affidato in custodia all'intera umanità e non abbiamo alternativa se non coltivare insieme questo immenso tesoro.....

Rispetto all'integrazione, si legifera, si discute ma nel concreto ciascuno di noi può fare qualche cosa? Possiamo cambiare qualche cosa? Possiamo diventare attori e non semplici spettatori di una storia scritta da altri?

Per ragioni personali e soprattutto famigliari mi è stato possibile vivere esperienze intense, emozionanti di solidarietà, condivisione e anche di integrazione.

Credo che ciascuno possa proporre alla propria famiglia un cambiamento verso l'accoglienza: questi piccoli passi, queste novità piene di fantasia e condivisione, messi tutti insieme potranno rendere possibile l'integrazione.

Mia nonna che è morta ad 89 anni nel 1998, era una donna di "altri tempi" vedova dai 50 anni, non voleva per la sua proprietà steccati, cancelli, serrature. Abbiamo capito che era invecchiata e malata quando i miei zii, suoi figli e figlie (in totale ne aveva 14 partoriti, a cui possiamo aggiungere sicuramente altri 4 affidategli dai servizi sociali e molti altri che si erano affidati a lei da maggiorenni) hanno costruito un cancello scorrevole e messo uno steccato.

Lo steccato è stato posto attorno alla proprietà che comprende i campi, le stalle, la fattoria con il cortile al centro. Per la verità la recinzione aveva un non so che di rustico ed alternativo poiché è stata fatta con le assi recuperate dai travetti in legno, dismessi, della ferrovia, in perfetto stile *"big family"* –così ci definiamo noi numerosi cugini- non si butta via nulla e si ricicla tutto.

Sono certa che lei, se fosse stata pienamente consapevole che stavano costruendo una recinzione si sarebbe ribellata.

È stato allora che ho deciso di continuare io la sua testimonianza in quanto sono la più anziana tra i cugini.

Ho aperto io la mia casa come lei aveva tenuto aperto la sua per oltre 70 anni. "Certo i tempi sono cambiati, c'è più delinquenza, dobbiamo vedere dove abiti, dobbiamo vedere chi sono i tuoi vicini di casa" questo mi dicevano tutti....

Avevamo già avuto esperienze di accoglienza attiva i primi anni di matrimonio: per 1 settimana abbiamo ospitato 9 polacchi che erano venuti in pellegrinaggio a Roma all'indomani della caduta del muro di Berlino, poi abbiamo condiviso la casa per un po' di mesi con una famiglia italiana di 4 persone madre, padre e due bimbi piccoli che avevano avuto lo fratto esecutivo. Nei mesi estivi ha abitato da noi un giovane del Marocco senza permesso di soggiorno né dimora, poi tre ventenni estoni che erano in Italia per studio, poi due gallesi madre e figlia sempre per studio e lavoro, per tre anni di fila abbiamo avuto nei mesi estivi un bimbo proveniente da Cernobyl...e altri che non ricordo bene e sarebbe lungo elencare.

Di fatto nessuno ci aveva rubato o rotto o sporcato...certo dopo che i lituani facevano colazione il frigorifero era più che vuoto, ed il concetto di igiene delle gallesi o del marocchino non è confrontabile con quello di nessun altro italiano...ma a parte questi piccoli inconvenienti che si sono risolti con candeggina e qualche battuta, non è successo proprio nulla di male, né di brutto, né di memorabile. L'accoglienza nello stile *big family* è quasi routine.

Ma se non chiudi la porta di casa possono entrare i ladri!

E si qualche volta sono davvero entrati. Più di una volta.

Il 26 dicembre, giorno di Santo Stefano, mentre eravamo a pranzo a casa dei miei genitori, era il 1996 i ladruncoli sono entrati durante la nostra assenza, hanno rovesciato il contenuto dei cassetti sul tavolo, dove c'erano ancora parte delle carte da regalo relative ai pacchetti natalizi. Di fatto però non mancava nulla, c'era solo un grande disordine.

Non abbiamo gioielli, soldi, neppure oggetti di valore, solo libri e giocattoli in abbondanza, soprammobili che hanno un significato solo per noi, fotografie...non hanno sporcato, non hanno rotto nulla. Del resto, la porta era aperta, non era stato necessario forzarla. Nello stesso giorno al nostro vicino di casa avevano procurato un grave danno scassinando la serratura del portoncino e rubando gioielli ed orologi di valore.

Poi è capitato nel 1999 che al mattino mentre ero ancora a letto (dal momento che ero all'ultimo mese di gravidanza, dopo aver accompagnato a scuola i miei figli più grandi sono tornata a dormire), ho sentito passi sospetti sulle scale. Ho chiesto chi fosse...nessuna risposta. Mi alzo, mi vesto in fretta, vedo una sagoma femminile che si allontana. Allora mi tolgo le ciabatte per non cadere sulle scale ed essere più veloce, considerando che ero in gravidanza. La inseguo e la invito a tornare indietro: aveva con sé un borsone blu, pareva vuoto e grande...era una Rom, giovane forse anche minorenne.

"Non puoi toccarla, non puoi aprirle la borsa" questo dicevano le mie vicine di casa...beh parliamone...voglio vedere cosa avesse da vendermi dal momento che è entrata in casa mia senza suonare il campanello né bussare. La sua borsa era vuota.

Una delle altre tre famiglie che vivevano nel nostro cortile era albanese, una coppia con tre figli piccoli tutti maschi, e tre cuginette più o meno della medesima età. Albana, la mamma albanese, era stata un vero aiuto nei primi anni di vita dei miei figli. Poi c'era Luisa con tre figli e Luciana con un figlio ormai adulto.

Un totale di 3+3+3+3 bimbi che stabilmente vivevano lì, a cui si aggiungevano spesso i miei 2 nipoti, Elena l'amica storica di mia figlia, e le 5 bimbine pakistane che spesso venivano a giocare nel pomeriggio o al sabato. Il cortile era unico e rettangolare, senza pericoli per i bimbi più piccoli, lasciando io la porta di casa sempre aperta, casa nostra era una sorta di sala giochi per i bambini del cortile, cugini, nipoti ed affini.

Questo voleva anche dire *baby-sitting* assicurato, gratuito, a turno per noi 3 mamme! Giochi e compagnia per i nostri figli...Certo dovevano condividere i loro giocattoli, ma potevano organizzare giochi di squadra e da tavolo a volontà.

La struttura del cortile circoscritto credo sia veramente utile per i bambini più piccoli, inoltre se si ha la fortuna di avere famiglie con più figli della medesima età il divertimento per loro è assicurato, così anche il confronto e l'aiuto reciproco per noi mamme.

Le bambine pakistane erano 5: Naghma, Salma, Bushra, Nagima, Cubra, la più piccola aveva la stessa età del mio figlio minore e la più grande era più piccola della mia maggiore: 5 figlie in 7 anni! Avevo conosciuto la loro famiglia facendo il medico di base, nel 1995 un caldissimo 13 agosto quando Bushra, che allora era la più piccola, ebbe un attacco di malaria. Il papà, che non capiva una parola di italiano, me la portò in ambulatorio, in braccio percorrendo a piedi, sotto il sole oltre 2 chilometri dalla sua abitazione allo studio con la bimba che bruciava dalla febbre a 41 gradi. Il giorno prima avevo già ricoverato la moglie con una minaccia di aborto per cui era rimasto da solo coi 6 figli 4 femmine piccole e 2 maschi più grandicelli.

Convincere il papà pakistano di 45 anni, della necessità di portare la figlia in ospedale non era stato affatto semplice. Avevo chiesto ad un altro paziente il favore di accompagnarli al pronto soccorso dell'ospedale mentre io finivo di visitare tutti i pazienti dell'ambulatorio, ma nulla, non aveva voluto e si era fatto portare a casa con la bimba quasi in coma. Poi il papà si era recato in ospedale dalla moglie ricoverata per la minaccia di aborto, in attesa dell'ottavo figlio, (sarebbe poi nata Cubra la quinta figlia femmina).

Terminato l'ambulatorio in grande velocità mi sono recata alla loro abitazione, andando ad intuizione...non sapevo cosa avrei trovato. Mentre era fuori casa le 4 figlie erano affidate ai 2 fratelli maggiori di 8 e 12 anni. Dovevo quindi convincere i due ragazzini a venire in ospedale con me, o quanto meno uno di loro due sarebbe venuto con me e Bushra, l'altro poteva restare a casa con le altre 3 bambine!!!

Per essere più convincente mi sono portata i miei 2 figli: vedendo come fossi anche io una mamma speravo si sarebbero fidati.

Infatti, funzionò, mi aprirono la porta di casa, pur in assenza dei genitori. Senza lasciare sola neppure un secondo la sorellina con la febbre, il fratello più grande aveva acconsentito a venire con noi in ospedale. Qui per fortuna, abbiamo incontrato medici "speciali" che nonostante fosse tardo pomeriggio di un giorno pre-festivo non avevano esitato a prelevare la bimba ed eseguire lo striscio con la goccia spessa. Non c'è stato bisogno di grandi spiegazioni... Il tutto direttamente nel reparto di malattie infettive dell'Ospedale di Busto Arsizio. Ottenuta la diagnosi di malaria, impostato la terapia, vinta qualche piccola resistenza "primariale" per poter ricoverare la bambina nello stesso ospedale dove era già ricoverata la mamma, al fine di riunificare la famiglia ce l'avevamo fatta in poche ore, la bimba poteva ricevere le cure. Tutto questo con una carovana di bambini: c'erano i miei 2 figli Erica di 3 anni e mezzo e Francesco di 1 anno, Bushra di 2 anni e Aftab suo fratello di 12.

Da allora siamo diventati amici e quando poi Bushra nel 2014 si è sposata al suo fastoso matrimonio dei 250 invitati ero la sola europea presente.

Nel 2002 abbiamo deciso con non poco rammarico, di cambiare casa: 2 locali per 3 bambini in crescita erano davvero troppo pochi. Lasciamo il nostro caro cortiletto che per la verità si collocava in un luogo tutt'altro che sicuro: nei pressi della stazione ferroviaria di Gallarate e al relativo sottopassaggio, per spostarci verso la campagna. Ci siamo trasferiti in una casetta isolata, la penultima casa prima della zona industriale proprio di fronte alla fattoria di mia nonna.

Come l'appartamento nel cortile anche la casa isolata non solo non ha chiavi né lucchetti ma nemmeno un cancello, o meglio c'è una recinzione bassa con 2 cancelletti arrugginiti e sempre aperti. È una sfida quotidiana o una provocazione silenziosa: abbiamo fiducia nel prossimo. Lo stile della casa e degli oggetti, sobrio ed essenziale non ingolosisce i passanti, non c'è ricchezza ostentata, non c'è lusso. Rispettivamente nel 2002 e nel 2004 ho avuto in terapia due pazienti di etnia Rom: un uomo con il cancro ai polmoni di 42 anni e una donna di 50, con un tumore dell'utero: sono morti in modo dignitoso. La comunità Rom, non so dire se in relazione o meno a questi lutti, è venuta a casa mia a conoscermi e a chiedere rottame di recupero. Abbiamo acconsentito a fargli smantellare parte di una intelaiatura in ferro che era rimasta dai proprietari precedenti. I giovani Rom accompagnati da nonna Bruna, una signora anziana ma ancora ben tenuta coi capelli biondi e molti gioielli, hanno lavorato nel nostro cortile e bevuto il caffè seduti nella nostra cucina. In quella circostanza la tentazione di rubacchiare doveva essere molto forte tanto che si sono portati via alcuni utensili. Il giorno dopo mi sono recata al campo Rom intenzionata a riprendermeli. Nonna Bruna inizialmente aveva fatto finta di non riconoscermi poi abbiamo patteggiato: avrebbero restituito ogni utensile in cambio di una gabbia per i polli che avevano visto da noi inutilizzata e che a loro era utile per contenere i pulcini.

Quindi i Rom non sono per noi un problema.

In questa casetta abbiamo subito altri 2 furti: due biciclette nel 2015 e nel 2016, in verità erano parcheggiate sotto un piccolo portico senza lucchetto, piuttosto in vista…sono stati brutti episodi anche perché il mio figlio più giovane, Alessandro, le aveva appena riparate con l'aiuto del fratello e della nonna rispettivamente. Erano in entrambe le occasioni biciclette usate, ma funzionati, e trovarsi l'amara sorpresa di non avere più il mezzo di locomozione per un ragazzino di 13-15 anni è davvero brutto.

Il rapporto con la famiglia pakistana è proseguito per anni con alti e bassi. Siamo riusciti a fargli ottenere l'abitazione popolare del comune, molto spaziosa con 2 bagni e 5 camere da letto. Di fatto lo stipendio del padre era l'unico sostegno per la numerosa famiglia e benché lavorasse in fonderia 1100 euro mensili risultavano troppo pochi per 7 figli. In occasione del Natale e delle feste principali preparavo dei regalini alle bambine che si facevano vedere con una certa periodicità portandomi a loro volta cibi tipici cucinati da loro stesse. Un Natale di qualche anno fa poiché "Le mie pakistane" erano come "scomparse", decido di andare a trovarle a casa loro, suono il campanello, mi presento: nulla. Insisto: nulla. Torno il giorno dopo: mi aprono, ma delle bimbe non c'è traccia. Scopro allora con molta delusione che avevano sub-affittato la casa popolare trasformandola in un dormitorio per loro connazionali!

Il rapporto con queste famiglie è comunque andato oltre, e quando sia i pakistani, come gli albanesi che i marocchini mi hanno chiesto un aiuto per acquistare la loro prima casa poiché era difficile ottenere dalla banca il mutuo senza qualcuno che facesse per loro da garante, mi sono sempre resa disponibile.

Nessuno di loro se ne è approfittato in modo disonesto, ciascuno è riuscito nel sogno di avere una casa propria.

Di questo fatto sono molto orgogliosa.

Certo restano dei lati oscuri.

Le bambine pakistane non hanno potuto completare gli studi, nemmeno Salma che pareva essere la più intelligente e ben disposta. Abbiamo fatto lezioni di italiano con i libri per bambini a figli e moglie in casa nostra, affinché anche la madre imparasse la nostra lingua, ma il marito/papà era sempre presente alle lezioni, e strappava il foglio se la moglie cercava di scrivere in italiano.

La famiglia di albanesi si è trasferita all'estero nell'intento di sfuggire al fisco, non avendo in 20 anni di attività autonoma come imbanchino prima ed autotrasportatore poi, pagato alcuna tassa.

Insomma, integrazione possibile, ma non facile.

Integrazione impossibile

Federica Monte – Simonetta Vernocchi

....Siamo tutti ospiti sulla Terra e il modo in cui viaggiamo e siamo ospiti, il modo in cui andiamo incontro ad altri migranti mostra quale sia il nostro atteggiamento nei confronti della nostra misteriosa origine e destinazione.

Lavorare in pronto soccorso ti offre la possibilità di accostarti ad esperienze incredibili, vedere l'umanità in una dimensione diversa: non ci sono ricchi o poveri, persone istruite o incolte, raffinati o trascurati, ci sono situazioni che necessitano di intervento qui ed ora, o interventi differibili...

La storia di Roxane

Giunge una mamma di 37 anni di etnia Rom, presentava ustioni ad entrambi gli avambracci e alle mani, medicata alla buona con stracci e lenzuola vecchi. Aveva ustioni anche al volto ad una gamba e sul tronco. Cercava di salvare gli zainetti dei figli.

Piangeva:

non sono riuscita a salvare tutte e 4 le cartelle, solo 2: due zaini sono bruciati, 1 danneggiato, 1 salvo. Ho tentano di toglierli dalle fiamme, due zaini erano nuovi...le bambine avevano già fatto i compiti. Ora non hanno più i loro quaderni, i loro libri.

Questi 4 figli in età compresa tra i 7 e i 12 anni, frequentavano la scuola, di nascosto poiché il padre e marito non gradiva che i figli, anzi che le tre figlie femmine andassero a scuola. Così tornato a casa ubriaco bruciava la loro roulotte in un impeto di rabbia. La mamma disperata si lanciava nelle fiamme per cercare di salvare le cartelle che rappresentavano la possibilità di un futuro diverso. Noi non sapevamo che dire...ti aiutiamo a procurare nuovi zainetti!

Due anni prima le ruspe del comune avevano spazzato via le baracche, molto disordinate costruite in modo abusivo, abitate da famiglie Rom, dietro al cimitero della città. Le ruspe avevano spazzato via anche le cartelle dei bambini.

Quella era quindi almeno la seconda volta che quella madre ricominciava da capo.

Apolidi figli di apolidi

I figli di coppie giunte nel nostro Paese vivono problemi di ogni genere, crescono senza senso di appartenenza al nostro Paese. Come ogni adolescente e preadolescente hanno problemi con il proprio corpo, con i genitori... ma presentano anche problemi aggiuntivi. Sia fisici, talvolta non sono vaccinati, non ricevono cure tempestive, sono più esposti a traumi, frequentano la scuola talvolta in modo discontinuo, non possiedono il corredo scolastico come gli altri ragazzi.

Non si sentono di certo italiani neppure se sono nati nel nostro Paese. Ma si sentono pakistani, marocchini, nigeriani...?

Talvolta i genitori sono troppo anziani, più spesso sono molto giovani e con poca esperienza educativa.

Lo scoglio della lingua

I figli in casa parlano la loro lingua d'origine, i genitori non conoscono l'italiano...di fatto i figli parlano, scrivono e leggono l'italiano spesso meglio, molto meglio dei genitori.

I genitori talvolta sono culturalmente troppo poco istruiti rispetto ai figli. Questo accentua lo strappo generazionale.

Le figlie femmine di solito non possono completare la scuola anche se sono dotate.

Onore maschile e castità femminile

Il problema più grave è la differenza di cultura in cui specie i figli si trovano schiacciati.

Anzi specie le figlie e le mogli. Donne che dopo anche 16 anni di permanenza in Italia ancora non parlano italiano.

Donne che soffrono per patologie anche gravi ma curabilissime come diabete, cirrosi, anemia, epatite C, obesità ma che non possono stare in ospedale per più di 2 giorni e poi si autodimettono, interrompono le terapie di cui non comprendono il senso. Donne che all'età di 35-40 anni sembrano vecchie...

Si evidenzia un sistema di valori talmente diverso tra la famiglia di origine e la nostra cultura, specialmente per quanto riguarda la condizione della donna, il concetto di onore maschile e di castità femminile ancora tanto radicato nella loro cultura che difficilmente possiamo avere punti di confronto.

Per noi l'istruzione è un valore, la cura dei figli e delle figlie è un valore, la salute della donna/madre è un valore, la libertà di scelta è un valore, ogni vita è un valore.

Ruoli maschili e ruoli femminili

Il ruolo degli uomini nelle famiglie e nella gestione dei figli è molto diverso se confrontiamo i papà italiani e quelli di altra etnia. Ad esempio, spesso gli uomini non tengono in braccio i loro bambini, non li nutrono, non cambiano i pannolini, non hanno stretti rapporti con loro e ma decidono per loro su tutto. Sono responsabili per la moglie e per i figli, ma decidono senza coinvolgerli, senza confrontarsi con loro, senza cognizione di causa.

Le donne trascorrono troppe ore in casa, non lavorano, si occupano solo dei figli ma non conoscono nulla della nostra cultura, la lingua rappresenta uno scoglio.

Siamo disposti al cambiamento?

Noi siamo disposti a metterci in discussione? Siamo disposti cambiare le nostre abitudini?

Gli uomini e le donne che giungono nel nostro Paese hanno intenzione di cambiare? Sono disposti ad integrarsi?

È possibile pensare ad una integrazione senza lo sforzo di imparare la lingua?

Ci sono domande per cui non abbiamo una risposta univoca. Alcuni di questi quesiti ancora aperti li riportiamo di seguito.

Convivenza vuol dire integrazione?

Qual è il primo passo?
È possibile integrarsi e mantenere i privilegi di genere?
La presunzione di sapere quale sia il percorso corretto verso l'integrazione apre o
chiude la strada al confronto?

L'integrazione si fa in due

Tahar ben Jelloun afferma che *l'integrazione è un'operazione che si fa in due. Non ci si
integra da soli. Integrarsi non significa rinunciare alle componenti della propria identità di
origine ma adattarle a una nuova vita in cui si dà e si riceve.* Con questo, affinché un
bambino straniero possa integrarsi, necessita di un ambiente che glielo permetta.
La presenza nelle classi scolastiche di alunni di origini straniere è ormai routine.

Bambini stranieri

L'utilizzo dell'espressione "bambini stranieri" raffigura un insieme di situazioni
molteplici, un fenomeno complesso ed eterogeneo che rende difficoltosa la
valutazione e l'intervento con un'unica metodologia, ma che richiede invece la
programmazione di un percorso definito in base alle caratteristiche di ogni singolo
soggetto.
Le difficoltà che questi bambini hanno in ambito scolastico sono maggiormente
legate alla lingua e alle differenze culturali legate allo studio.
L'esperienza ci insegna che la seconda lingua appresa a livello comunicativo viene
appresa in modo sufficiente in un arco di tempo che varia dai 6 mesi a un anno
circa, questo varia però in base anche alla provenienza.
Appaiono nonostante tutto delle difficoltà normali di apprendimento, che vengono
a svanire progressivamente a meno che non siano presenti dei disturbi di
apprendimento.
Discorso leggermente differente e che richiede più tempo e una esposizione
maggiore alla lingua è quello della comprensione di un testo scritto. Questa
difficoltà genera come conseguenza effetti negativi sullo studio, che a sua volta
aumenta il senso di incapacità sperimentata dai bambini stranieri e incrementa il
loro disinteresse scolastico.
Le istituzioni scolastiche italiane, in modo particolare la scuola secondaria, si
presentano poco preparate all'accoglienza e all'integrazione di nuovi alunni che,
soprattutto nei momenti iniziali della carriera scolastica, hanno necessità di un
sostegno culturale e psicologico per inserirsi nel nuovo mondo culturale e nel
nuovo sistema di comunicazione scolastica e sociale.

Mediatori culturali

Proprio per queste motivazioni sono necessari i mediatori culturali, i quali
gestiscono e coordinano i flussi e i significati comunicativi tra bambini stranieri, i
loro genitori e la loro scuola.
La mancanza di questi mediatori crea problemi di comprensione linguistica tra
l'istituzione scolastica e le famiglie degli alunni stranieri, i quali si sentono isolati
dal resto della scuola e della comunità.

Educazione interculturale e linguistica

Uno dei punti cardine è senza dubbio la formazione professionale dei docenti italiani in ambito linguistico e interculturale, in modo che anche essi possano conoscere e affrontare nel miglior modo possibile i problemi dell'educazione interculturale e linguistica degli studenti stranieri, per i quali andrebbero applicate metodologie dell'italiano come lingua seconda e non come lingua madre.

È necessario che le scuole si attivino in tre importanti ambiti: insegnamento dell'italiano come seconda lingua, promozione dell'educazione interculturale con progetti e iniziative mirate, collaborazione con strutture formative presenti nel proprio territorio che siano specializzate sul mondo dell'immigrazione.

Osservatorio nazionale per l'integrazione degli studenti stranieri

Nel 2014 il MIUR ha istituito l'**Osservatorio nazionale per l'integrazione degli studenti stranieri** e per l'Intercultura, con l'obiettivo *di individuare soluzioni per un effettivo adeguamento delle politiche di integrazione scolastica alle reali esigenze di una società sempre più multiculturale e in costante trasformazione.*

L'osservatorio, il quale ha compiti quali: monitorare e valutare i flussi degli studenti stranieri, promuovere e suggerire politiche per l'integrazione degli alunni stranieri.

L'osservatorio è diretto dal Ministro ed ha al suo interno rappresentanti degli istituti di ricerca, di associazioni ed enti di rilievo nel settore dell'integrazione degli alunni stranieri e dell'Intercultura, ma anche esperti del mondo accademico, culturale e sociale e dirigenti scolastici.

Nel settembre 2014, l'Osservatorio ha redatto il documento *"Diversi da chi? Raccomandazioni per l'integrazione degli alunni stranieri e per l'Intercultura"*, un vademecum con raccomandazioni e proposte operative desunte dalle migliori pratiche scolastiche per una più efficace e corretta organizzazione dell'accoglienza e dell'integrazione degli alunni con cittadinanza non italiana.

Le raccomandazioni ricalcano le Linee Guida nel sottolineare l'importanza dell'apprendimento dell'italiano come seconda lingua anche per le cosiddette "seconde generazioni" e raccomandano l'istituzione nelle scuole di laboratori linguistici permanenti diretti da insegnanti specializzati nell'insegnamento dell'italiano, capaci di coordinare il lavoro di semplificazione linguistica dei contenuti delle diverse discipline e di facilitare l'apprendimento dei linguaggi specifici delle discipline di studio. Ciò implica un impegno sistematico nella formazione dei docenti, ma non solo degli insegnanti di italiano, in quanto non può essere delegata solo a loro la responsabilità dell'apprendimento della lingua di istruzione.

(Alessandra Mochi, 2017)

Integrazione o integralismo

Religione, politica e soldi dividono i fratelli.

Gli eventi più o meno recenti di stragi ed attentati ci hanno spinto a riflettere sulle ragioni di tanto odio e violenza mascherata da guerra di religione.
In molti si sono dati da fare per dare una lettura sociologica, storica, economica, culturale, politica a questi eventi.
Inizialmente si credeva che gli autori delle stragi, specie coloro che si toglievano la vita in nome della religione altro non fossero che persone "povere" sia culturalmente che economicamente, costrette ai margini della società, senza più nulla da perdere. Farsi saltare in aria poteva essere un modo per raggiungere l'immortalità, per avere un posto nella storia.
Poi si legge che alcuni degli autori delle stragi sono persone istruite, aggiornate, ricche, in salute, giovani, con un ottimo lavoro, una famiglia nell'apparenza normale, con figli piccoli e desiderati, con un futuro: non ci spieghiamo tanto facilmente le ragioni di questi gesti, qualche cosa manca al nostro ragionamento.
Le religioni monoteiste di matrice giudaico-cristiano-islamica traggono parte della propria forza di coesione dal disprezzo per le altre religioni…..
Ci siamo chiesti cosa accomuni gli autori delle stragi, sappiamo che sono fondamentalisti, estremisti religiosi, che hanno una fede forte, una grande capacità di mettersi a disposizione, in modo integrale, totale della causa religiosa: hanno una coscienza morale forte?
Le domande che nascono sono molteplici: cosa intendiamo per rispetto per la vita; esiste una distinzione tra coscienza morale e competenza morale; cosa si intende per libero arbitrio e fino a che punto queste persone sono responsabili dei propri gesti.
"Gli autori delle stragi sono fondamentalisti, estremisti religiosi, sicuramente dovendo scegliere tra il rispetto della vita umana o l'obbedienza alla fede opteranno per l'obbedienza……hanno una fede forte, una grande capacità di mettersi a disposizione, in modo integrale, totale. Hanno la capacità di sentirsi parte di un disegno più grande, la capacità di aderire al progetto, al credo salvifico a costo della vita, di obbedire a Dio costi quel che costi.[30]"
Affermazioni simili si adattano a varie religioni.
Noi occidentali questo possiamo capirlo bene, siamo stati educati in un sistema pedagogico impregnato dei principi della nostra fede quella cristiana che ha le

---

[30] *Le radici della violenza tra terrorismo ed estremismo religioso"* presentato al corso IC 31 via Dante, il 9 aprile 2016 a Voghera, dal titolo Psicologia e criminologia del terrorismo Acetanti et al.

medesime radici di quella islamica. Ripensiamo al sacrifico che Dio chiese ad Abramo: "*sacrificami tuo figlio*[31]." Aderisci al mio progetto a costo, non solo della tua vita ma perfino della vita di tuo figlio, fidati di me. La vita cessa in questa ottica di essere un valore in sé e per sé ma viene chiesta e premiata l'obbedienza, la fiducia, la fede.

La cristiana, l'ebraica e la musulmana sono le tre grandi religioni monoteiste. Hanno radici comuni: anche i musulmani e gli ebrei credono in Abramo, e in Isacco, Ismaele, Giacobbe, negli altri profeti, in Mosè, poi i cristiani hanno Gesù, i musulmani Maometto, gli ebrei attendono ancora un Messia. Esiste quindi una unica tradizione: giudaico-cristiano-islamica che abbraccia tutti i figli di Abramo.

Oggi noi consideriamo la vita un valore, fino a 50-100 anni fa non era così, c'erano vite di serie A e di serie B, le donne contavano meno degli uomini, i bambini meno delle donne, gli schiavi meno dei bambini, gli animali meno degli schiavi[32].

Oggi anche la vita degli animali viene ritenuta preziosa, è protetta da leggi, ma se anche non ci fossero le leggi a proteggerla, l'odierno sentire comune rigetta le vessazioni compiute sugli animali. In un certo senso ci siamo evoluti, ci siamo raffinati. Abbiamo imparato a rispettare le creature. Ora stiamo imparando a rispettare anche l'ambiente.

Dio nel progetto educativo per il suo popolo si è comportato come una madre con suo figlio: nella prima infanzia la madre da limiti rigidi al bambino non sporgerti dalle scale, non salire in piedi sul tavolo, non toccare il fuoco, non attraversare la strada chiede l'obbedienza, anche piuttosto cieca, a rigide regole. La madre chiede un atto di fede. Come Dio ad Abramo. La madre non può spiegare al bambino il perché non può toccare il fuoco o attraversare la strada, lo farà poco per volta, facendogli fare prove ed errori, non può permettergli qualsiasi tipo di esperienza perché potrebbe ferirsi o addirittura averne danni permanenti. In ogni caso sperimentare tutto non è vantaggioso neppure in termini evoluzionistici: occorre trarre vantaggio dell'esperienza degli altri. Così anche Dio non può spiegare tutto il suo progetto salvifico nei dettagli, in poche battute e chiede quindi al suo popolo fanciullo di fidarsi.

Poi via via ha ispirato e spiegato, passo dopo passo, tutte le tappe con dovizia di dettagli (pensiamo alla ricchezza di tutti i libri della Bibbia).

Il percorso dell'umanità è stato lungo, tortuoso ma anche bello e prezioso, Gesù ma anche altri Profeti e persone illuminate hanno insegnato il rispetto per la vita umana. Si è giunti alla conclusione che ogni essere umano, perfino chi fa del male deve essere rispettato.

---

[31] Genesi 22,1-18.

[32] Psicodinamica dell'azione violenta, in Il bullismo in ambito scolastico, Aceranti et al. EFBI, luglio 2017.

Gesù, duemila anni fa aveva avuto una grande intuizione dando una semplice regola: ama Dio ed il prossimo tuo come te stesso, da quel momento sappiamo, (ma ricordiamo che certe religioni orientali sono giunte alla medesima conclusione con millenni d'anticipo), che la vita è un dono, anche la vita dei nostri nemici è un valore, è preziosa per Dio.

Gesù ci invita ad amare, a fare del bene a coloro che ci fanno del male.

Il messaggio di Gesù è personale. Le persone possono aderirvi e molti vi hanno aderito.

Affinché anche nella vita politica si arrivasse a comprendere il messaggio di Gesù c'è voluto qualche migliaio di anni e non tutti i paesi sono "sincronizzati", ossia ciascuno ha recepito una parte, ha valorizzato un aspetto del messaggio originale.

Per esempio, per gli antichi Greci l'omosessualità era accettata come parte di una variabilità umana, altri popoli hanno fatto molto fatica ad arrivarci, la medicina stessa ci è arrivata solo nel 1973 quando l'omosessualità viene rimossa dalle categorie nosografiche. Fino a quel momento gli omosessuali erano considerati ammalati. A tal riguardo ricordiamo Paul Watzlawick (*1921*, Austria - *Palo Alto*, *2007*) lo *psicologo e filosofo austriaco naturalizzato statunitense che* con la sua celebre battuta sul *DSM III ha espresso ciò che era accaduto*: con l'eliminazione dell'*omosessualità* dai *disturbi psichiatrici*, in seguito alle forti pressioni sociali e scientifiche dell'epoca, portate avanti dall'antipsichiatria, milioni di persone nel mondo erano di fatto state "curate" con un tratto di penna.

Pensiamo all'abolizione della schiavitù, alla Rivoluzione francese con i principi di uguaglianza, fraternità e libertà, alla libertà di pensiero, espressione, stampa, pensiamo alla fine dell'apartheid con pari diritti per bianchi e neri, al voto alle donne, ai diritti dell'infanzia, al diritto all'istruzione, alle cure mediche, all'abolizione della pena di morte, ai diritti degli animali domestici, alla tutela del nostro Pianeta con la lotta all'inquinamento e la protezione delle aree verdi.

Non pretendo fare un elenco completo ho solo ricordato quelle che a mio giudizio sono le tappe principali.

Ora noi occidentali abbiamo raggiunto un discreto livello di consapevolezza circa il fatto che le persone godono i medesimi diritti, per il fatto stesso di essere stati concepiti e di essere nati, che le risorse non sono illimitate che abbiamo responsabilità nei confronti delle generazioni future, nei confronti degli altri Paesi nella tutela ambientale.

Può essere che non sia la stessa cosa per tutti i Paesi, ci sono Paesi che sono ancora al tempo di Abramo. La grande svolta è stato l'avvento di Gesù che ha reso tutto più chiaro: ci ha dato una formidabile modalità di comportamento, ma non tutti l'hanno recepito, non ancora.

Di fatto ci sono Paesi e culture che 2000 anni or e anche di più sono avevano già il nostro livello di consapevolezza e che forse sorridono di fronte al fatto che noi ci interroghiamo solo ora sul clima o che i governi devono di imporre ai cittadini la raccolta differenziata o il rispetto per la natura: ci sono culture orientali che vivono da millenni nel rispetto per ogni essere vivente.

E ci sono Paesi in cui le persone hanno ancora necessità di adempiere il sacrificio di Isacco per sentirsi parte del progetto divino. O se preferiamo, ci sono popoli che hanno bisogno di un Dio che li tiene ancora come bambini, che chiede a loro obbedienza cieca.

Alcuni forse dei migranti sono parte di questo gruppo, altri invece possono essere più avanti di noi.

Libero arbitrio e competenza morale

Il cielo stellato sopra di me, la legge morale dentro di me
Immanuel Kant

Nei confronti/scontri tra le culture le domande che nascono di frequente riguardano la coscienza morale: in special modo quando secondo il nostro punto di vista donne e bambini appartenenti ad altre culture non sono trattati con il rispetto dovuto secondo i nostri canoni.
Ma questi hanno una coscienza?
Ma questi hanno una morale?
Ma ci stiamo chiedendo se coscienza morale e competenza morale siano la stessa cosa; cosa sia il libero arbitrio e fino a che punto queste persone siano responsabili dei propri gesti.
Il tradizionale tema del libero arbitrio ha visto negli anni, anzi nei secoli, sovrapporsi molti livelli di controversia e confusione.
Se la mia neurofisiologia e psicobiologia, fatta di circuiti e mediatori chimici mi ha portato a pensare così allora non ne sono affatto responsabile.
Proviamo a verificare quali siano i requisiti per rendere una azione umana moralmente responsabile.
Cosa, dunque è necessario affinché un essere umano sia ritenuto moralmente responsabile per le sue azioni?
Questo requisito è la competenza morale. Se una persona avesse coscienza morale ma fosse moralmente incompetente sarebbe ridicolo considerarla responsabile.
Non possiamo ritenere responsabili delle loro azioni i bambini piccoli o gli adulti con ritardo mentale o demenza.
L'età dell'acquisizione della competenza morale[33] è all'incirca 8 anni. Per questi stessi motivi non riteniamo responsabile un animale che uccide un essere umano, anche deliberatamente.

Competenza morale secondo Dennet Daniel

Secondo la teoria di Dennet Clement Daniel[34] (Boston 1942, vivente) logico e filosofo, una persona agente moralmente competente deve avere le 6 seguenti caratteristiche.

---

[33] Dennet, Clement, Daniel La competenza Morale, Festival delle scienze "Ci sono sei condizioni affinché un essere umano sia ritenuto responsabile delle sue azioni. Sono esclusi bambini e dementi" (il Sole 24 ore 18.1.15).

1. È ben informato.
2. Ha desideri abbastanza ben organizzati.
3. È motivato da ragioni.
4. Non è controllato da un altro agente.
5. È punibile.
6. «Avrebbe potuto fare altrimenti».

Alcune di queste sei condizioni sono ovvie ed intuitive.
Proviamo comunque a commentarle.

L'ignoranza negligente non è ammissibile

Non essere a conoscenza dei bisogni e delle emozioni umane, delle leggi e dei costumi di un luogo, della religione e della storia di un popolo per impossibilità oggettiva ad accedere ai mezzi di informazione escludono una persona dal libero arbitrio. Il proprio comportamento verso quella situazione non potrebbe essere guidato in modo affidabile. Una persona moralmente responsabile ritiene un dovere formare, conservare e aggiornare la propria conoscenza del mondo.

Avere desideri propri....

La capacità di avere desideri indipendenti, propri, originali e di coltivarli presuppone un sé forte. Se una persona è in preda a fobie e dipendenze non ci si può aspettare che possa avere comportamenti appropriati. Senza entrare nella vera e propria psicopatologia chi non è in grado di avere desideri possiede tratti di personalità dipendente che ne fanno una possibile pedina nelle mani di altri. Essere in grado di rispondere in modo appropriato alle motivazioni offerte, e distinguere tra le ragioni sensate da quelle che ne sono prive, essere in grado di rispondere in modo coerente alle domande sul perché si stia facendo ciò che si sta facendo.

Non essere controllato da altro agente

Non essere controllato in senso lato, essere libero nelle scelte, non manipolato da parte di un altro agente, sia esso la religione o la politica o le influenze della famiglia. Saper preservare la propria autonomia nonostante le costrizioni determinate dalle circostanze.

Deve essere punibile

Una persona moralmente competente deve avere interesse e capacità nel salvaguardare la propria libertà dalla punizione. Se ci si pone al di fuori ed al di

---

[34] Dennet, Clement, Daniel La competenza Morale, Festival delle scienze "Ci sono sei condizioni affinché un essere umano sia ritenuto responsabile delle sue azioni. Sono esclusi bambini e dementi" (il Sole 24 ore 18.1.15).

---

sopra delle leggi, se le leggi possono essere fatte ad hoc, non viene rispettato il principio di punibilità.

Deve avere qualche cosa da perdere

Le persone nelle scelte devono avere sempre qualcosa di importante da perdere. Chi non ha più nulla da perdere non è moralmente competente.

Deve avere la possibilità di scegliere cosa fare

Se una persona è posta in situazioni tali da non poter agire in altro modo non è responsabile delle proprie azioni.

Se riferiamo ai terroristi dell'ISIS in questa accezione, dobbiamo riconoscere che questi non possiedono certo una competenza morale.

Ius soli, ius sanguinis, ius culture

Elisabetta Adrovandi

La cittadinanza

Uno "status", o, per chi le conferisce un significato di appartenenza a un insieme di diritti e doveri espressione della cultura di cui si fa parte, un valore, da difendere, e proteggere. Comunque, la si intenda, è un concetto così astratto e contemporaneamente così permeante ogni aspetto della nostra quotidianità, da risultare implicito, sottinteso, addirittura scontato. Eppure, senza la cittadinanza è impossibile l'appartenenza di diritto a qualsiasi società civile, perché, pur restando riconosciuti i diritti fondamentali della persona in quanto essere umano (anche se non ovunque), come quello alla salute, la cittadinanza conferisce quella pienezza di diritti e doveri civili e politici che nessun'altra condizione può riconoscere. E così, proprio per l'intrinseco e stretto collegamento sussistente tra quei diritti e doveri e la cittadinanza, appare naturale che essa sia in stretta relazione al rapporto parentale, poiché i genitori, oltre alla vita, donano al figlio anche l'insieme di valori e regole ai quali essi stessi improntano la loro esistenza, a loro volta appresi dai propri genitori. Per questo motivo, probabilmente, nella maggior parte degli Stati, non solo europei, ma al mondo, la cittadinanza si acquisisce per diritto "di sangue", ossia il figlio, alla nascita, assume automaticamente la cittadinanza dei genitori o di uno di essi.

Ius soli, ius sanguinis

Soltanto in alcuni Paesi, storicamente nati per i fenomeni immigratori, e privi, o meglio privati, delle popolazioni indigene, proprio per mano dei popoli colonizzatori, lo *"ius soli"*, ossia la cittadinanza acquisita per il fatto di essere nato in un determinato luogo indipendentemente da quella dei genitori, prevale rispetto allo *"ius sanguinis"*: ciò avviene negli Stati Uniti, per esempio, piuttosto che in Australia, luoghi geograficamente immensi e in cui i fenomeni immigratori sono notevolmente calmierati, che non temono, proprio per i vantaggi che lo "ius soli" può conferire, flussi di persone incontrollabili attratte dalla prospettiva che basti nascere su quel territorio per acquisirne i diritti.

In Europa, la dicotomia storica tra le modalità di acquisizione della cittadinanza, originariamente ben rappresentate e distinte tra *"ius soli"*, ossia, come si è detto, l'acquisizione della cittadinanza in base al luogo in cui si nasce, e *"ius sanguinis"*, determinata invece da quella dei genitori, ha subìto, negli anni, una serie di temperamenti e modifiche, nel tentativo (forse vano) di regolamentare il corposo flusso di immigrati e favorire la loro integrazione, soprattutto riguardo alle seconde e terze generazioni. E così, il risultato è che i ventisette Stati dell'Unione non posseggono in materia una legislazione unitaria, ma applicano i principii dello *"ius soli"* e *"ius sanguinis"* temperandoli: per esempio, in Germania è possibile l'acquisizione della cittadinanza tedesca per i figli di genitori extracomunitari, purché almeno uno di essi possegga un permesso di soggiorno permanente da almeno tre anni e viva stabilmente in Germania almeno da otto. In Gran Bretagna, per ottenere la cittadinanza almeno uno dei genitori deve essere cittadino britannico, oppure bisogna attendere tre anni dopo il matrimonio. In Olanda, per acquisire la cittadinanza è necessaria la maggiore età, con un pregresso di almeno cinque anni sul territorio e un permesso di soggiorno regolare. In Spagna, la cittadinanza di almeno uno dei genitori permette l'acquisizione della cittadinanza, cui si aggiunge la possibilità di ottenerla dopo dieci anni di permanenza con lavoro e permesso di soggiorno permanente, o per matrimonio, ma decorso un anno dalle nozze. In Francia, la cittadinanza può essere acquisita se si è nati da genitori stranieri ma nati in Francia, oppure con il raggiungimento della maggiore età se i genitori risiedono sul territorio da almeno cinque anni, oppure dopo i due anni di matrimonio.

Italia *"ius colturae"*
L'Italia: Come funziona qui, e perché tanto discussa è stata la proposta di legge sullo *"ius soli"*, in realtà, per gli addetti ai lavori *"ius culturae"*? Anzitutto, senza soffermarsi sulle ragioni storiche che hanno portato la nostra Nazione, come tutte quelle europee, a privilegiare la cittadinanza per diritto di sangue (tipica modalità per i Paesi a forte tendenza emigratoria), la Legge n. 91 del 5 febbraio 1992 ha rafforzato questo principio, essendo nata per favorire i figli degli Italiani all'estero, ossia la discendenza degli emigrati, introducendo tempi certamente lunghi per la naturalizzazione dei cittadini stranieri, pur tuttavia in linea con la legislazione generale (seppure, come sottolineato, non univoca) dell'Unione Europea. Questa Legge stabilisce, in sostanza, che la cittadinanza italiana può acquisirsi automaticamente:
- per nascita, nel caso in cui almeno uno dei due genitore sia italiano;
- per nascita sul territorio italiano, a partire dal compimento del diciottesimo anno di età;
- per adozione, nel caso di minorenne adottato da genitori italiani.

Può altresì ottenersi su domanda:
- il cittadino straniero (o apolide, ossia senza altra cittadinanza), dopo due anni di matrimonio con un cittadino italiano e medesima residenza, oppure purché risieda legalmente in Italia da almeno un anno qualora vi sia la presenza di figli nati o adottati con il coniuge;
- lo straniero residente all'estero, purché siano trascorsi diciotto mesi dal matrimonio con un cittadino italiano e vi sia presenza di figli naturali o adottati, oppure dopo tre anni dalla celebrazione del matrimonio (purché ovviamente non sia intervenuta separazione o annullamento).

Può, infine, chiedersi per residenza:
- in caso di residenza ufficiale in Italia per almeno dieci anni (per gli extracomunitari);

- se vi è residenza legale da almeno tre anni per i figli di cittadini italiani e per chi è nato in Italia;
- nell'ipotesi di residenza legale da almeno cinque anni per i maggiorenni adottati da genitori italiani, oppure per gli apolidi o rifugiati politici, o per i figli maggiorenni di genitori che hanno già ottenuto la cittadinanza;
- oppure, nel caso di cittadini comunitari, se vi sono quattro anni di residenza legale, oppure cinque anni di servizio alle dipendenze, anche all'estero, dello Stato italiano.

Nuove proposte di modifica della legge

Già nel 1999 vi furono i primi tentativi di modificare questa legge, prevedendo che fosse concessa la cittadinanza ai figli nati in Italia da cittadini stranieri al compimento del quinto anno di età, purché avessero vissuto in modo legale e continuativo sul territorio nazionale. Da allora, diverse proposte si sono succedute nel tempo, ma senza uscire dal dibattito politico delle aule parlamentari, fino all'ultimo progetto di legge, approvato alla Camera il 13 ottobre 2015, e quindi trasmesso al senato (A.S. 2092): la proposta si fonda essenzialmente sulla tutela dell'acquisto della cittadinanza da parte dei minori stranieri. In particolare, essa prevede due forme di acquisizione della cittadinanza,

1. ossia tramite lo "*ius culturae*" e in tale caso ne beneficia lo straniero: che sia nato in Italia o si sia trasferito entro i dodici anni (non è precisato se in modo regolare o irregolare), abbia completato un ciclo di studi di almeno cinque anni, che può riguardare sia l'istruzione presso la scuola pubblica, sia percorsi formativi professionali triennali o quadriennali idonei allo svolgimento di una attività lavorativa. In questo caso, la cittadinanza si acquisisce per semplice manifestazione di volontà espressa da un genitore legalmente residente in Italia o da chi esercita la potestà genitoriale. Tuttavia l'interessato, raggiunta la maggiore età, può entro due anni rinunciare alla cittadinanza, oppure rendere egli stesso la dichiarazione sulla volontà di acquisirla, nel caso in cui il genitore o l'esercente la potestà non abbia provveduto.

2. Oppure, tramite lo "*ius soli*", e in questo caso la cittadinanza spetta: al minore straniero che sia nato in Italia da genitori stranieri, almeno uno dei quali sia titolare di un permesso di soggiorno permanente o in possesso di un permesso di soggiorno rilasciato dalla Unione Europea per i soggiornanti di lungo periodo. Anche in questo caso, la cittadinanza si ottiene tramite la dichiarazione fornita dal genitore o dall'esercente la potestà genitoriale ed entro due anni dal compimento della maggiore età l'interessato può rinunciarvi, o può richiederla.

3. Infine, una terza ipotesi riguarda il minore straniero che sia arrivato in Italia tra il dodicesimo e il diciottesimo anno di età: in questo caso,

la cittadinanza (cosiddetta "naturalizzazione"), spetta se si ha la residenza da almeno sei anni, e ha frequentato con esito positivo un ciclo di studi anche professionale.

Obiezioni alla riforma legislativa

Molto forti sono state le opposizioni a questa riforma legislativa, anche determinate dalla comune opinione (assolutamente errata) che con questa proposta di legge si volesse permettere l'acquisizione della cittadinanza italiana a tutti coloro che entrano irregolarmente sul territorio italiano e qui hanno figli, o ai minori che arrivano con i genitori tramite le varie operazioni umanitarie, come richiedenti asilo. In realtà, si tratta di una proposta di legge che mirava a naturalizzare circa 800.000 giovani stranieri che, in base a questa norma, avrebbero avuto il diritto di cittadinanza. Oltre ogni osservazione e speculazione politica, alcune osservazioni si ritengono fondamentali: anzitutto, questa proposta di legge non tiene in adeguata considerazione il valore intrinseco della cittadinanza come appartenenza a un insieme inestricabile di passato, presente e futuro, intesi come attaccamento alle proprie radici, come rispetto dei diritti e doveri che intridono quel valore, e come idea della società che si vuole costruire e che si sogna per le generazioni future. Il compimento di un ciclo di studi primario (i cosiddetti cinque anni delle elementari), per non parlare di corsi professionali prodromici all'apprendimento di un mestiere, non possono assolutamente rappresentare una condizione sufficiente, per conoscere adeguatamente la cultura nella quale si vive, soprattutto laddove si provenga da parti del mondo ove, talora, sono negati i più elementari diritti civili, e la sola scolarizzazione di per sé non rappresenta uno strumento sufficiente, se non supportato da un ambiente familiare ove le regole dello Stato ospitante sono riconosciute come le uniche cui attenersi, e soprattutto in un rodine di superiorità rispetto a qualsiasi altra. Questo, il principale punto debole di questa riforma, che, se voleva mirare all'integrazione tra popoli diversi, non è stata indirizzata nel modo giusto, poiché chi l'ha pensata ha dimenticato, più o meno volutamente, che l'integrazione è possibile soltanto laddove l'introiettamento della cultura del luogo in cui si trasferisce la propria vita è totale, e riguarda ovviamente la consapevolezza dei doveri di rispetto delle leggi, ma soprattutto il riconoscimento a quelle leggi come insieme di regole che disciplinano la convivenza civile in quello Stato quali fonti supreme cui attenersi, oltre ogni ideologia, oltre ogni religione. D'altronde, il fallimento dei tentativi di integrazione effettuati tramite le modifiche allo "*ius sanguinis*" introdotte negli altri Stati europei la dice lunga sul fatto che l'integrazione non passa dal fatto di nascere in un determinato luogo, crescervi, frequentare le scuole, se l'àmbito familiare resta radicato a usi, e soprattutto regole, in pieno contrasto con quelle del Paese in cui si vive, perché quello, la famiglia, è il nucleo principe e principale in cui si sviluppa la personalità dell'individuo e rappresenta le sue radici, più forti dell'ambiente esterno nel quale si sviluppa la propria identità sociale. Il diritto di sangue, per quanto si cerchi di limitarlo in favore di un diritto di cittadinanza basato sull'ambiente sociale, difficilmente sarà mai scardinato. Perché, in realtà, nulla è più forte del sangue intriso nell'arido suolo.

Formare la popolazione all'accoglienza

Senza distinzione di sesso, di razza, di lingua, di religione, di opinioni politiche, di condizioni personali e sociali.
Art. 3 Costituzione Italiana

La Costituzione Italiana

L'articolo 3 della Costituzione Italiana recita: *"Tutti i cittadini hanno pari dignità sociale e sono uguali davanti alla legge senza distinzione di sesso, di razza, di lingua, di religione, di opinioni politiche, di condizioni personali e sociali."* L'integrazione comporta quindi accanto alla titolarità dei medesimi diritti, l'impegno al rispetto dei medesimi doveri e all'assunzione delle medesime responsabilità: non solo, dunque, l'impegno a rispettare le leggi italiane, ma anche quello ad apprendere la lingua e a partecipare alla vita economica, sociale e culturale del Paese.

Questo impegno reciproco vale in particolare per l'uguaglianza di genere, di orientamento sessuale, per il rispetto della laicità dello Stato, intesa come libertà di coscienza, e completa distinzione tra autorità religiosa e autorità politica, per il rispetto della libertà personale.

La scelta di identificarsi completamente nella comunità culturale di origine o affrancarsi da essa spetta esclusivamente al singolo.

Affinché la strategia di integrazione italiana sia sostenibile la presenza degli stranieri deve essere equamente distribuita sul territorio nazionale.

A differenza di altri Paesi europei nelle realtà locali italiane non si è ancora affermato un modello insediativo caratterizzato da quartieri monoetnici, isolati dal tessuto sociale circostante.

L'ingresso e la permanenza sul territorio italiano necessitano, dunque, di essere inquadrati rigorosamente in una cornice di legalità.

Il Piano nazionale d'integrazione[35]

Il 27 settembre 2017 è stato pubblicato il Piano nazionale d'integrazione ad opera del Ministero dell'Interno e nello specifico del Dipartimento per le Libertà Civili e l'Immigrazione.

Affinché possa avvenire l'integrazione occorre informare e formare la popolazione che accoglie, rispetto alle caratteristiche e alla cultura dei nuovi giunti. Sono

---

[35] Piano nazionale d'integrazione ad opera del Ministero dell'Interno del Dipartimento per le Libertà Civili e l'Immigrazione. Roma, 27 settembre 2017.

numerosi i minori non accompagnati, le donne spesso gravide e i giovani adulti che giungono in cerca di una vita migliore o fuggono dalla povertà o dalla guerra.

Secondo questo testo gli immigrati sono detti "titolari di protezione" a cui vanno quindi riconosciuti quei diritti essenziali che discendono dal loro status, e devono, come ogni cittadino italiano, adempire ad altrettanti doveri e responsabilità per garantire una ordinata convivenza civile. Altro problema riguarda la modalità con cui le istituzioni cercano di tutelare i diritti di chi è accolto e quelli di chi accoglie.

Accogliere chi proviene da una cultura e una tradizione differenti vuol dire provvedere alla prime necessità e bisogni primari, ma anche sviluppare interventi diretti a facilitare l'integrazione nella società e l'adesione ai suoi valori. Imporre con le leggi l'integrazione non sembra funzionare.

Il modello di integrazione che viene proposto dal Piano nazionale d'integrazione è ispirato a quanto previsto dalla Costituzione del 1948, che auspica un rapporto paritetico tra lo Stato e le confessioni religiose. L'obbiettivo è raggiungere l'autonomia personale.

Il welfare state o stato sociale è un insieme di istituti, essenzialmente di natura pubblica, il cui obiettivo è quello di tutelare i cittadini dai rischi sociali e di garantire la fruizione dei diritti di cittadinanza.

Per "rischi sociali" si intendono essenzialmente l'invalidità, la malattia, la tutela della gravidanza e dell'infanzia, la disoccupazione e la vecchiaia.

Nel caso dei rifugiati va dedicata attenzione alle persone con maggiore vulnerabilità, come le donne rifugiate e vittime di tratta, i minori non accompagnati e i malati.

Il Piano nazionale d'integrazione si compone di 33 pagine suddivise in otto capitoli: responsabilità istituzionale, accoglienza, percorsi di inclusione sociale, prevenzione e contrasto delle discriminazioni, partecipazione cittadinanza attiva, comunicazione istituzionale, implementazione e monitoraggio degli interventi, risorse finanziarie attivabili.

I flussi immigratori cambiano di continuo la fisionomia delle società, è prioritario per i governi misurarsi con nuovi strumenti in ordine alla gestione del pluralismo culturale e religioso.

Il Piano nazionale d'integrazione prevede un percorso interreligioso e interculturale, la formazione linguistica e l'accesso al sistema scolastico.

Esiste un Islam italiano?

..tutti hanno diritto di professare liberamente la propria fede religiosa in qualsiasi forma, individuale o associata, di farne propaganda e di esercitarne in privato o in pubblico il culto, purché non si tratti di riti contrari al buon costume.
Art 19 Costituzione Italiana

Poiché la maggior parte delle persone che giungono sul nostro territorio come migranti sono di fede islamica ci siamo chiesti se fosse possibile un dialogo inter-religioso con le persone di religione islamica presupposto per la loro integrazione nel nostro paese.

Patto nazionale per un Islam italiano
Il dialogo interculturale e interreligioso prevede occasioni di incontro, confronto e scambio reciproco nelle comunità, prevenire e contrastare il diffondersi di fenomeni di razzismo e, in particolare, di islamofobia.
Le comunità di fede possono così rappresentare i luoghi privilegiati dell'attuazione delle politiche di integrazione.
Nel febbraio 2017 è stato sottoscritto il Patto nazionale per un Islam italiano, espressione di una comunità aperta, integrata e aderente ai valori e ai principi dell'ordinamento statale.

Riportiamo di seguito il testo integrale del Patto nazionale per un Islam italiano[36]
"PATTO NAZIONALE PER UN ISLAM ITALIANO, ESPRESSIONE DI UNA COMUNITÀ APERTA, INTEGRATA E ADERENTE AI VALORI E PRINCIPI DELL'ORDINAMENTO STATALE
Redatto con la collaborazione del Consiglio per i rapporti con l'Islam italiano Recepito dal Ministero dell'interno I rappresentanti delle associazioni e delle comunità islamiche chiamati a far parte del Tavolo di confronto presso il Ministero dell'interno
Richiamato il principio supremo di laicità dello Stato quale "garanzia della libertà di religione in regime di pluralismo confessionale e culturale";
Visti gli articoli 2,3,8 e 19 della Costituzione volti a: - riconoscere e garantire "i diritti inviolabili dell'uomo sia come singolo sia nelle formazioni sociali ove si svolge la sua personalità" e richiedere "l'adempimento dei doveri inderogabili di solidarietà politica, economica e sociale" (art. 2);

---

[36] *Il Ministro dell'Interno: per il Consiglio per le relazioni con l'islam italiano: Le Organizzazioni islamiche: C.I.I. U.A.M.I. A.D.M.I. C.I.C.I. ASS.NE CHEIKH AHMADOU BAMBA A.I.PAKISTANA "MUHAMMADIAH".*

stabilire "l'uguaglianza dei cittadini davanti alla legge, senza distinzione di sesso, di razza, di lingua, di religione, di opinioni politiche, di condizioni personali e sociali" (art.3); stabilire che "tutte le confessioni religiose sono egualmente libere davanti alla legge" e "hanno diritto di organizzarsi secondo i propri statuti, in quanto non contrastino con l'ordinamento giuridico italiano" (art. 8); affermare che "tutti hanno diritto di professare liberamente la propria fede religiosa in qualsiasi forma, individuale o associata, di farne propaganda e di esercitarne in privato o in pubblico il culto, purché non si tratti di riti contrari al buon costume" (art. 19); Visti la legge n. 1159/1929, recante "Disposizioni sull'esercizio dei culti ammessi nello Stato e sul matrimonio celebrato davanti ai ministri dei culti medesimi" e il R. D. 28 febbraio 1930, n. 289, recante "Norme per l'attuazione della legge n. 1159/1929, sui culti ammessi nello Stato e per coordinamento di essa con le altre leggi dello Stato"; Considerata la presenza rilevante anche in Italia di un "nuovo pluralismo religioso" che comprende numerose associazioni, cittadini e residenti che nel rispetto della Costituzione fanno riferimento alla religione islamica; Ritenuto di dover contribuire a favorire la convivenza armoniosa e costruttiva tra le diverse comunità religiose per consolidare la coesione sociale e promuovere processi di integrazione; Considerato il ruolo rilevante che le associazioni islamiche svolgono nell'azione di contrasto a ogni espressione di radicalismo religioso posta in essere attraverso propaganda, azioni e strategie contrarie all'ordinamento dello Stato; • Ritenuto proficuo il dialogo da tempo instaurato con le Istituzioni italiane e, in particolare, con il Ministero dell'Interno; Preso atto del lavoro preliminare compiuto presso il Ministero dall'Interno dal Consiglio per i Rapporti con l'Islam italiano; si impegnano a:

1.   Favorire lo sviluppo e la crescita del dialogo e del confronto con il Ministero dell'Interno, con il contributo del Consiglio per i Rapporti con l'Islam italiano;

2.   Proseguire nell'azione di contrasto dei fenomeni di radicalismo religioso, anche attraverso forme di collaborazione che offrano alle autorità e alle istituzioni strumenti di interpretazione di un fenomeno che minaccia la sicurezza della collettività, ivi compresi cittadini e residenti di fede islamica;

3.   Promuovere un processo di organizzazione giuridica delle associazioni islamiche in armonia con la normativa vigente in tema di libertà religiosa e con i principi dell'ordinamento giuridico dello Stato;

4.   Promuovere la formazione di imam e guide religiose che, in considerazione del ruolo specifico e delicato che rivestono nelle comunità di riferimento e delle funzioni che possono essere chiamati a svolgere in luoghi come ospedali, centri di accoglienza, istituti di pena etc., possano anche assumere il ruolo di efficaci mediatori per assicurare la piena attuazione dei principi civili di convivenza, laicità dello Stato, legalità, parità dei diritti tra uomo e donna, in un contesto caratterizzato dal pluralismo confessionale e culturale;

5.   Proseguire nell'organizzazione di eventi pubblici che attestino l'efficacia del dialogo interculturale sia valorizzando il contributo del patrimonio spirituale e culturale della tradizione islamica alla vita della società italiana, sia nella costruzione di percorsi di integrazione degli immigrati musulmani e di contrasto al radicalismo e al fanatismo religioso, agendo in sinergia con le istituzioni italiane. In tale ottica particolare rilevanza assumerà il ruolo delle giovani generazioni;

---

6.   Favorire le condizioni prodromiche all'avvio di negoziati volti al raggiungimento di Intese ai sensi dell'art. 8, comma 3, della Costituzione;

7.   Proseguire nell'impegno di garantire che i luoghi di preghiera e di culto mantengano standard decorosi e rispettosi delle norme vigenti (in materia di sicurezza e di edilizia) e che tali sedi possano essere accessibili a visitatori non musulmani, anche attraverso programmi di apertura e di visite guidate dei centri islamici da parte di persone con competenze pedagogico-didattiche e comunicative, attente a valorizzare le occasioni di scambio e dialogo con la comunità civile locale;

8.   Facilitare i contatti e le relazioni delle Istituzioni e della società civile con le associazioni islamiche, rendendo pubblici nomi e recapiti di imam, guide religiose e personalità in grado di svolgere efficacemente un ruolo di mediazione tra la loro comunità e la realtà sociale e civile circostante;

9.   Adoperarsi concretamente affinché il sermone del venerdì sia svolto o tradotto in italiano, ferme restando le forme rituali originarie nella celebrazione del rito, così come le comunicazioni sulla vita della comunità o dell'associazione; 10.   Assicurare massima trasparenza nella gestione e documentazione dei finanziamenti, ricevuti, dall'Italia o dall'estero, da destinare alla costruzione e alla gestione di moschee e luoghi di preghiera;

Il Ministero rinnova l'intendimento a:

1.   Sostenere e promuovere, in collaborazione con le associazioni Islamiche, eventi pubblici intesi a rafforzare ed approfondire il dialogo tra le Istituzioni e la comunità islamica, valorizzando il contributo del patrimonio spirituale, culturale e sociale che le comunità musulmane offrono al Paese, favorendo percorsi di integrazione degli immigrati musulmani e contrastando il radicalismo e il fanatismo religioso;

2.   Valorizzare i programmi e le azioni avviati tramite il Dipartimento per le libertà civili e l'immigrazione - Direzione centrale per gli Affari dei Culti;

3.   Favorire specifici percorsi volti a supportare le associazioni islamiche nella elaborazione di modelli statutari coerenti con l'ordinamento giuridico italiano anche ai fini di eventuali richieste di riconoscimento giuridico degli Enti come enti morali di culto (ex l. 1159/1929 e il R. D. 28 febbraio 1930, n. 289) da parte delle "Associazioni Islamiche" ovvero di istanze di riconoscimento dei ministri di culto islamici, ai sensi dell'art. 3 della legge 1159/1929;

4.   Considerare la rilevanza del nuovo pluralismo religioso, in coerenza con il quadro normativo di riferimento nazionale e comunitario e con gli attuali orientamenti giurisprudenziali della Corte Europea per i diritti dell'uomo;

5.   Consolidare le esperienze formative per ministri di culto di confessioni prive di intesa, in linea con quella già avviate dal Dipartimento per le libertà civili e l'immigrazione - Direzione centrale per gli Affari dei Culti;

6.   Favorire l'organizzazione, d'intesa con le associazioni e Comunità islamiche partecipanti al Tavolo di confronto, il Consiglio per le relazioni con l'Islam e alcune Università, corsi di formazione per i ministri di culto musulmani;

7.   Estendere sul territorio l'esperienza, positivamente sperimentata in alcune aree, della costituzione dei "tavoli interreligiosi" all'interno dei Consigli territoriali per l'immigrazione delle Prefetture, in modo da offrire anche all'islam italiano uno spazio di confronto diretto con le Istituzioni locali;

8.   Avviare un programma per la predisposizione e distribuzione di kit informativi di base in varie lingue concernenti regole e principi dell'ordinamento dello Stato unitamente alla normativa in materia di libertà religiosa e di culto;

9.	Programmare uno o più incontri di rilievo nazionale e pubblico tra le Istituzioni e i giovani musulmani in tema di cittadinanza attiva, dialogo interculturale e contrasto all'islamofobia, al fondamentalismo e alla violenza ecc.;

10.	Promuovere una conferenza con l'ANCI dedicata al tema dei luoghi di culto islamici in cui richiamare il diritto alla libertà religiosa che si esprime anche nella disponibilità di sedi adeguate e quindi di aree destinate all'apertura o alla costruzione di luoghi di culto nel rispetto delle normative in materia urbanistica di sicurezza igiene e sanità, dei principi costituzionali e delle linee guida europee in materia di libertà religiosa. In tale ottica saranno incoraggiate analoghe iniziative a livello territoriale soprattutto nelle realtà dove si registrano eventuali criticità."

Il Ministro dell'Interno: per il Consiglio per le relazioni con l'islam italiano: Le Organizzazioni islamiche: C.I.I. U.A.M.I. A.D.M.I. C.I.C.I. ASS.NE CHEIKH AHMADOU BAMBA A.I.PAKISTANA "MUHAMMADIAH"

Bibliografia

1. American Psychiatric Association. *Diagnostic and Statistic Manual of Mental Disorders, V Edition.* American Psychiatric Association, Washington, DC. 2013.
2. Aragona M, e Geraci S, *Quando le ferite sono invisibili. (Vittime di tortura e strategie di cura).* 2014.
3. Pendragon Bachtin M, *Estetica e romanzo. Teoria e storia del discorso narrativo.* Einaudi: Torino. 1997.
4. Beneduce R, *Sofferenza mentale e alterità fra storia, dominio e cultura.* Carrocci. 2007.
5. Bessel V, *Stress traumatico. Gli effetti sulla mente, sul corpo e sulla società delle esperienze intollerabili.* Raffaello Cortina Editore. 2014.
6. Demetrio D, *Raccontarsi.* Cortina: Milano. 1996.
7. Farello P, Bianchi F, Laboratorio dell'autobiografia. Erickson Trento 2001.
8. Ferrari G, (10 dicembre 2004 - 13 maggio 2005). *L'asilo nella storia, Relazione tenuta all'Università degli Studi di Roma "La Sapienza", Facoltà di Scienze Politiche, Cattedra di Diritto Internazionale, il 4 febbraio 2005, nell'ambito del XIII Corso Multidisciplinare Universitario Migrazione ed asilo: Unione Europea ed area mediterranea*
9. Frankl V, *Uno psicologo nel Lager.* Ares: Milano. 1975.
10. Lanzerini F, *Asilo e diritti umani, l'evoluzione del diritto d'asilo nei diritti umani.* Giuffrè editore: Milano. 2009.
11. Levi P, *Se questo è un uomo.* Einaudi: Torino. 1947.
12. Mazzetti M, *Strappare le radici. Psicologia e Psicopatologia di donne e uomini che migrano.* L'Harmattan Italia: Torino. 1996.
13. Pennebaker WJ, *Scrivi cosa ti dice il cuore, autoriflessione e crescita personale attraverso la scrittura di sé.* Erickson. 2015.
14. Sironi F, *Boureaux et Victimes. Psycologie de la Torture.* Odile Giacob: Paris. 1999.
15. Che cos'era il "Passaporto Nansen "?, in Focus, n°64, febbraio 2012, p. 66.
16. Assente E, *Enzo Jannacci, il poeta che non vuole vivere da artista,* Milano, Giornale La Repubblica, 2013.Autori vari, *Non solo curare, ma prendersi cura,* Milano, Conferenza OMeCeO Milano, 2016.
17. Barbieri, G, Pennini, A, *Le responsabilità del coordinatore delle professioni sanitarie,* Milano, Mc Graw Hill, 2011.
18. Lazzarottio P, Presbitero F, Ortles, da *"dormitorio modello a Casa dell'Accoglienza",* Milano, Edizioni biografiche, 2009.
19. Pontello G, *Management infermieristico,* Milano, Masson, 1998.
20. Geri C, Il percorso di una social application: *"Anziani più Convolti & Più Sicuri",* Milani, Bollettino Cardiologico, 2014.

21. Bandura A, *Aggression: a social learning analysis*, Prentice-Hall Englewood Cliff, New York. 1973.
22. Dal Lago A, *Non persone. L'esclusione dei migranti in una società globale*, Feltrinelli, Milano, 1999.
23. Miller D, et al. The hypothesis suggests that the failure to obtain a desired or expected goal leads to aggressive behavior. *Frustration and aggression*, Yale University Press, New Haven, 1939.
24. Milgram S, *Behavioral study of obedience*. Journal of Abnormal and Social Psychology, 67, 371-378, 1963.
25. Milgram S, *Obedience to Authority*. New York: Harper & Row. 1974.
26. Miller Berkowitz L, The frustration-aggression hypothesis revisited, in: Berokowitz (ed.), Roots of aggression, Atherton Press, New York, 1969.Lewin K, Lippitt R, e White R, "Patterns of aggressive behaviour in experimentally created social climates", Journal of Social Psychologt", 10: 271-299, 1939.
27. Skinner BF, Beyond Freedom and Dignity. Hackett, Indiana, 1971.
28. Wacquant L, Parola d'ordine: tolleranza zero. La trasformazione dello stato penale nella società neoliberale, Milano, Feltrinelli, 2000.
29. Meltzer D, Harris M, *Il ruolo educativo della famiglia. Un modello psicoanalitico del processo di apprendimento*, tr. it. Torino, Centro Scientifico Editore, 1986.
30. Zuccari F, *Senza dimora: un popolo invisibile, una sfida per il servizio sociale*, Carocci, Roma 2007.
31. Bonadonna F, *Il nome del barbone. Vita di strada e povertà estreme in Italia*, Derive Approdi, Roma, 2005.
32. Schmitt J, C, *La storia dei marginali*, in Jacques Le Goff (a cura di) "La nuova storia", Mondadori, Milano, 1980.
33. Grinberg L, Grinberg R, (1990), *Psicoanalisi dell'emigrazione e dell'esilio*, tr. it. Milano, Angeli, 1990.
34. Giovannetti M, *L'accoglienza incompiuta. Le politiche dei comuni italiani verso un sistema di protezione nazionale per i minori stranieri non accompagnati*, Collana studi e ricerche Anci, Il Mulino, Bologna 2008.
35. Impagliazzo M, *Il caso Zingari*, Leonardo International ed., Milano, 2008.
36. Castel R, *L'insicurezza sociale. Che significa essere protetti?* Einaudi, Torino, 2004.
37. Albanesi V, *Per una lettura dell'emarginazione*, Torino, 1985.
38. Winnicott D, *"Gioco e realtà"*, Armando Editore, Roma, 1974.
39. Achotegui J, *La depresión en los immigrantes: una perspectiva transcultural*. Editorial Mayo. Barcelona, 2002.
40. Grinberg L, e Grinberg R, *Psicoanalisi dell'Emigrazione e dell'Esilio*, Angeli, Milano, 1990.
41. BION WR, *Apprendere dall' esperienza*, Armando Armando, Roma 1972.
42. Moro MR, *Genitori in esilio*, Cortina, Milano 2002.
43. Moro MR, *Bambini di qui venuti da altrove*, Angeli, Milano 2005.

44. Schwartz SJ, Unger JB, Zamboanga BL, Szapocznik J, *Rethinking the concept of acculturation: Implications for theory and research.* American Psychologist Association 65, 273-251. 2010.

45. Caponi E, Agnello I, Stella A, *Famiglie migranti e servizi di salute mentale: alcuni temi che emergono da una prima revisione della letteratura scientifica.* Psichiatria e Psicoterapia 2012. 31, 3, 170-185.

46. Ministero dell'interno. *Rapporto sulla criminalità in Italia. Analisi, Prevenzione, Contrasto.* 2009.

47. Suppa V, *Immigrazione e criminalità: considerazioni generali sul fenomeno - Ministero dell'Interno* - Relazione sulla presenza in Italia e sulle situazioni di irregolarità, 1997.

48. Medici Senza Frontiere, *"I frutti dell'ipocrisia. Storie di chi l'agricoltura la fa. Di nascosto"*, Rapporto MSF, 31 marzo 2005.

49. Clement DD, *La competenza Morale, Festival delle scienze "Ci sono sei condizioni affinché un essere umano sia ritenuto responsabile delle sue azioni. Sono esclusi bambini e dementi"* Il Sole 18.1.15.

50. Saad L, *Anti-Muslim sentiments faily commonplace*, in Gallup Poll News Service 10 agosto 2006, 27 dicembre 2007 da *http://www.gallup.com/poll/24073.*

51. Esposito JL, Mogahed D, *Tutto quello che dovresti sapere sull'Islam e che nessuno ti ha mai raccontato.* New compton editori, dicembre 2009.

52. Gallup Poll Editor, *the Gallup Poll the Islamic Word: subscriber report,* Gallup, Inc. Princeton, NJ 2002.

53. Miller A, *La rivolta del corpo. Come superare i danni di un'educazione violenta,* 2005.

54. Miller A, *Riprendersi la vita. I traumi infantili e l'origine del male,* 2009.

55. Freud A, *L'Io e i meccanismi di difesa"* Psycho, 1942.

56. Winnicot DW, *"Dal Luogo delle Origini"* 1971.

57. Winnicot DW, *"Gioco e realtà"* Roma: Armando, 1974.

58. Bowlby J, *Attaccamento e perdita* vol.1, vol.2, vol.3, 2000.

59. Bowlby J, *Costruzione e rottura dei legami affettivi* 2007.

60. Bowlby J, *Una base sicura* 1989.

61. Shore AN, *"I disturbi del sé. La disregolazione degli affetti"*, 1994.

62. Bonino S, Saglione G, *Aggressività e stili educativi familiari,* "Psicologia Contemporanea", 41, pp. 17-23, 1980.

63. Cirillo S, *"la famiglia maltrattante"* Raffaello Cortina ed 1989.

64. Williams FP, *"Devianza e criminalità"* il mulino 1994.

65. Palmonari A, *"Aspetti cognitivi della socializzazione in età evolutiva"* il mulino 1978.

66. Ammaniti M, *"Manuale di psicopatologia dell'infanzia"* Raffaello Cortina ed 2001.

67. Aceranti A, et al *"Le Radici della Violenza"* in *"genesi del crimine violento"* con LUDES Gabrielli et al. 19.02.2013.

68. Aceranti A, et al *"Neurofsiologia e psicobiologia delle emozioni"* edizioni e EFBI, novembre 2015.

69. Aceranti A, et al *"Infanzia ed adolescenza"* edizioni e EFBI, marzo 2015.

70. Quirico D, *il paese del male*. Neri Pozza Bloom, 2013.
71. Adonis *violenza e islam* 2013.
72. Napoleoni L, *Lo stato del terrore*, Feltrinelli, 2014.
73. Mohahed D, *Islam, quello che nessuno ti ha mai raccontato*. New compton editori, 2009.
74. Il terrorismo Suicida Talal Asad, *Una chiave per comprendere le ragioni*. Raffaello cortina editore, 2009.
75. *Il Corano*, Newton Compton Editor, edizione 2015.
76. Blum A, Asal V, Wilkenfeld J, *Nonstate Actors, Terrorism, and Weapons of Mass Destruction, International Studies* Review, 7. 2005.
77. Speckhard A, & Ahkmedova K, *The Making of a Martyr: Chechen Suicide Terrorism, Studies in Conflict and Terrorism*, 29, 5, 1-65, 2006.
78. Speckhard A, *Soldiers for God: A Study of the Suicide Terrorists in the Moscow Hostage Taking Siege. The Roots of Terrorism: Contemporary Trends and Traditional Analysis*, Edited by Oliver McTernan, NATO Science Series, Bruxelles 2004.
79. Speckhard A, *ISIS and The Rise of Homegrown Terrorism in the West*, Security Solutions Magazine, 2015.
80. De Stefano C, Piacentini L, Saverio I, *I nuovi scenari del terrorismo internazionale di matrice jihadista*, Rubbettino Editore, Soveria Mannelli. Trento 2011.
81. *The Islamic Imagery Project. Visual Motifs in Jihadi Internet Propaganda, Combating Terrorism Center*, United States Military Academy, West Point. Combating Terrorism Center 2006.
82. Shea DA, e Gottron F, *Small-scale Terrorist Attacks Using Chemical and Biological Agents: An Assessment Framework and Preliminary Comparisons*, Congressional Research Service, Washington DC, 2004.
83. Gupta DK, *Toward an Integrated Behavioral Framework for Analyzing Terrorism: Individual Motivations to Group Dynamics*, Department of Political Science San Diego State University, San Diego, 2005.
84. Bakker E, *Forecasting the Unpredictable: A Review of Forecasts on Terrorism 2000 - 2012*, The International Centre for Counter-Terrorism, L'Aia. 2009.
85. Weimann G, *New Terrorism and New Media, Commons Lab of the Woodrow Wilson International Center for Scholars*, Washington DC. 2014.
86. Chaliand G, and Blin A, *The history of Terrorism from antiquity to Al qaeda (Edward Schneider, Kathr yn Pulver, e Jesse Browner, Trad.)*, University of California Press, Los Angeles. 2007.
87. Richardson HW, Gordon P, James E, II Moore *Global Business and the Terrorist Threat*, Edward Elgar Publishing, Northampton. 2009.
88. Saikia J, e Stepanova E, *Terrorism. Patterns of Internationalization, Sage Publications* India pvt, New Delhi, 2009.
89. Victoroff J, *The Mind of the Terrorist: A Review and Critique of Psychological Approaches*, The Journal of Conflict Resolution, 49, 1, 3-42, 2005.
90. Horgan J, *The Psychology of Terrorism*, Routledge, New York. 2005.

91. Matusitz J, *Terrorism and Communication A Critical Introduction*, Sage Publications, Thousand Oaks. 2013.
92. Borum R, *Psycohology of Terrorism*, University of South Florida, Tampa 2004.
93. Mowatt-Larssen R, *Al-Qaeda Weapons of Mass Destruction Threat: Hype or Reality?* Belfer Center, Harvard Kennedy School, (2010).
94. Rene A, *Larche Global Terrorism Issues and Developments*. Nova Science Publishers, Inc - New York, (2008).
95. Rex A, *The Sociology And Psychology Of Terrorism: Who Becomes A Terrorist and Why?*, Federal Research Division Library of Congress, University Press of the Pacific, Washington DC (2005).
96. Tinè S, *Historie de Girondins*, Del Prisma, Catania. (2012).
97. D'Auria S, *Intrecci criminali. Riciclaggio e terrorismo*, Gnosis, 1, 24-45, 2013.
98. Bowman S, *Weapons of Mass Destruction: The Terrorist Threat*, Congressional Research Service, Washington DC, 2002.
99. The National Counterterrorism Center Report on Terrorism 2011, Office of the Director of National Intelligence National Counterterrorism Center, Washington DC, 2011.
100. United Nations Office On Drugs And Crime The Use Of The Internet For Terrorist Purposes, United Nations, New York, 2012.
101. Seth Carus W, *Bioterrorism and Biocrimes. The Illicit Use of Biological Agents Since 1900*, Center for Counter proliferation Research National Defense University, Washington DC, 1998.
102. Laqueur W, *The New Terrorism. Fanaticism and the Arms of Mass Destruction*, Oxford University Press, Oxford, 1999.
103. Reich W, *Origins of Terrorism: Psychologies, Ideologies, Theologies, States of Mind*, Woodrow Wilson Center Press, Washington DC. 1998.
104. William E, *Terrorism and Mass Media, Communication Research Trends*, 21, 1. Biernatzki 2002.
105. UNDP, Rapporto su Lo Sviluppo Umano - Sradicare la Povertà, Rosenberg & Sellier, Torino 1997.
106. Commissione Europea, Comunicazione della Commissione al Consiglio, al Parlamento europeo, al Comitato economico e sociale europeo e al Comitato delle Regioni, Bruxelles 27.1.2005.
107. Istat, La povertà in Italia 2008, Statistiche in breve 2009.
108. Ravaillon M, Chen S, Sangraula P, *New Evidence on the Urbanization of Global Poverty - Poverty and Inequality Research* - The World Bank 2007.
109. UN Habitat, Global Urban Observatory, 2006.
110. Istat, statistiche in breve, 29 dicembre 2009, Condizioni di vita e distribuzione del reddito in Italia Anno 2008.
111. Curbet J, *Insicurezza, giustizia e ordine pubblico tra paure e pericoli*, Donzelli, Roma 2008.
112. Franzini M, *Ricchi e poveri, l'Italia e le disuguaglianze inaccettabili*, Università Bocconi Editrice, Milano 2010.

113. Giovannetti M, *L'accoglienza incompiuta. Le politiche dei comuni italiani verso un sistema di protezione nazionale per i minori stranieri non accompagnati,* Collana studi e ricerche Anci, Il Mulino, Bologna 2008.

114. Castel R, *L'insicurezza sociale. Che significa essere protetti?* Einaudi, Torino 2004.

115. Parlamento Europeo - Commissione per lo sviluppo regionale, Documento di lavoro sul ruolo della politica di coesione nell'integrazione delle comunità e dei gruppi vulnerabili, 12.2.2008.

116. Layte R, e Whelan CT, *Cumulative disadvantage or individualisation? A comparative analysis poverty risk and incidence,* in "European Societies" 2002

117. AA. VV., Quelli che non contano. Materiali di studio sull'emarginazione, Padova 1978

118. Meltzer D, Harris M, (1983), *Il ruolo educativo della famiglia. Un modello psicoanalitico del processo di apprendimento,* tr. it. Torino, Centro Scientifico Editore, 1986.

119. Zuccari F, *Senza dimora: un popolo invisibile, una sfida per il servizio sociale,* Carocci, Roma 2007.

120. Bonadonna F, *Il nome del barbone. Vita di strada e povertà estreme in Italia,* Derive Approdi, Roma, 2005.

121. Schmitt JC, *La storia dei marginali,* in Jacques Le Goff (a cura di) "La nuova storia", Mondadori, Milano, 1980.

122. Grinberg L, Grinberg R, (1990), *Psicoanalisi dell'emigrazione e dell'esilio,* tr. it. Milano, Angeli, 1990.

123. Giovannetti M, *L'accoglienza incompiuta. Le politiche dei comuni italiani verso un sistema di protezione nazionale per i minori stranieri non accompagnati,* Collana studi e ricerche Anci, Il Mulino, Bologna 2008.

124. Impagliazzo M, *Il caso Zingari,* Leonardo International ed., Milano 2008.

125. Castel R, *L'insicurezza sociale. Che significa essere protetti?* Einaudi, Torino 2004.

126. Albanesi V, *Per una lettura dell'emarginazione,* Torino 1985

127. Winnicott D, *"Gioco e realtà",* Armando Editore, Roma, 1974

128. Achotegui J, 2002. *La depresión en los inmigrantes: una perspectiva transcultural.* Editorial Mayo. Barcelona

129. Grinberg L, e Grinberg R, *Psicoanalisi dell'Emigrazione e dell'Esilio,* Angeli, Milano 1990

130. BION WR, *Apprendere dall' esperienza,* Armando Armando, Roma 1972

131. Moro M R, *Genitori in esilio,* Cortina, Milano 2002

132. Moro M R, *Bambini di qui venuti da altrove,* Angeli, Milano 2005

133. Schwartz SJ, Unger JB, Zamboanga BL, Szapocznik J 2010 Rethinking *the concept of acculturation: Implications for theory and research.* American Psychologist Assotiation 65, 273-251.

134. Caponi E, Agnello I, Stella A, *Famiglie migranti e servizi di salute mentale: alcuni temi che emergono da una prima revisione della letteratura scientifica.* Psichiatria e Psicoterapia 2012. 31, 3, 170-185.

135. Tahar Ben Jelloun, Il razzismo spiegato a mia figlia, Bompiani, Milano 2005.
136. Klaus Berger, Gesù, Queriniana, Brescia 2007

L'Autrice

Simonetta Vernocchi, lavora come internista in un ospedale pubblico. Professore a contratto per diverse Università (*Tor Vergata* di Roma, *Università degli Studi di Novedrate, Universitas Ostraviensis* repubblica Ceca, *Nostra Signora del Buon consiglio Elbasan*, Albania, Akademia della *University in Czestochowa* Polonia, *dell'Associazioni Interstudi Europea* Chiasso) relativamente alle tematiche di fine vita, fisiologia e fisiopatologia, semeiotica, health promotion, malattie dell'apparato respiratorio.

Docente nella *scuola Adleriana di Psicoterapia di Milano* relativamente alle tematiche di neurofisiologia e di etica.

Collabora con la *Caritas Internazionale* circa le tematiche di interesse sociale, promozione della salute e di etica, con corsi e seminari e diffondendo le pratiche del BLS, ha collaborato per anni con l'ambulatorio medico di Legnano dedicato agli extracomunitari sprovvisti di permesso di soggiorno.

Ha contribuito alla progettazione ed alla realizzazione dell'*Hospice Altachiara di Gallarate* che ha diretto per 5 anni. Ha fatto parte del comitato etico dell'*Istituto Humanitas Mater Domini* dalla sua costituzione fino al 2011.

Si occupa di ricerca e pubblicazioni in differenti settori in special modo per l'*Istituto Europeo di Scienze Forensi e Biomediche*.